ZODIAQUE CHINOIS

RAT

1912-1924-1936
1948-1960-1972-1984

Catherine Aubier

avec la collaboration de
Josanne Delangre
et
Patrick Ravignant

6, rue E. Dubois
75014 Paris

Dans la même collection :

LE RAT	LE CHEVAL
1900 - 1912 - 1924 - 1936	1906 - 1918 - 1930 - 1942
1948 - 1960 - 1972 - 1984	1954 - 1966 - 1978 - 1990
LE BUFFLE	**LA CHÈVRE**
1901 - 1913 - 1925 - 1937	1907 - 1919 - 1931 - 1943
1949 - 1961 - 1973 - 1985	1955 - 1967 - 1979 - 1991
LE TIGRE	**LE SINGE**
1902 - 1914 - 1926 - 1938	1908 - 1920 - 1932 - 1944
1950 - 1962 - 1974 - 1986	1956 - 1968 - 1980 - 1992
LE CHAT	**LE COQ**
1903 - 1915 - 1927 - 1939	1909 - 1921 - 1933 - 1945
1951 - 1963 - 1975 - 1987	1957 - 1969 - 1981 - 1993
LE DRAGON	**LE CHIEN**
1904 - 1916 - 1928 - 1940	1910 - 1922 - 1934 - 1946
1952 - 1964 - 1976 - 1988	1958 - 1970 - 1982 - 1994
LE SERPENT	**LE SANGLIER**
1905 - 1917 - 1929 - 1941	1911 - 1923 - 1935 - 1947
1953 - 1965 - 1977 - 1989	1959 - 1971 - 1983 - 1995

Maquette intérieure et fabrication : J.B. Duméril
Iconographie : Patrick Ravignant
Couverture : Sacha Kleinberg
avec une illustration de Patrice Varin

ISBN 2 86 676 289 4

LES MYSTÈRES DE L'ASTROLOGIE CHINOISE

遊觀嚴駕出北城門、天復化作沙門、法服持鉢行步安詳目

止不受死。於是太子迴車還宮、愍念眾生有老病死苦惱大

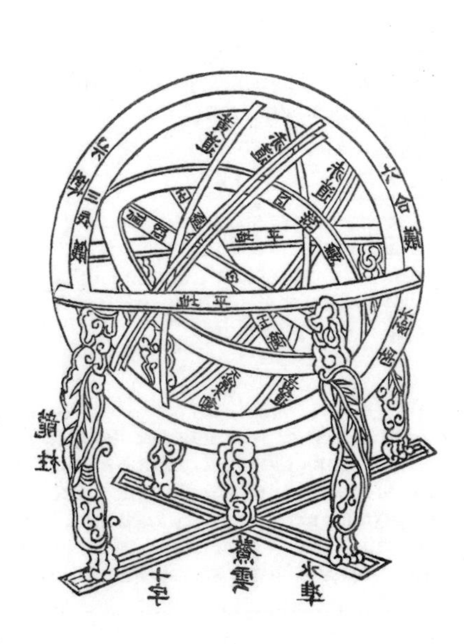

COMMENT LIRE CET OUVRAGE ?

Chacune des parties de cet ouvrage vous propose une manière particulière de situer votre personnalité dans le cadre de l'astrologie chinoise. Ces différentes perspectives débouchent sur un point de vue élargi, souple et diversifié quant aux principales tendances de votre caractère, de votre comportement et aux grandes lignes de votre destin.

I

Quels sont les traits spécifiques de votre signe chinois, déterminé par *l'année de votre naissance* ?

II

Quel est votre Compagnon de route, c'est-à-dire le signe de *l'heure de votre naissance* ?

III

Quel est *votre Élément* (Terre, Eau, Feu, Bois, Métal) et quelles en sont les caractéristiques ?

IV

La synthèse de votre signe chinois et de votre signe occidental (Bélier, Taureau, etc.) apporte de multiples nuances qui permettent d'affiner sensiblement votre portrait psychologique. Cherchez le *type mixte* auquel vous vous rattachez.

V

Le jeu du *Yi King astrologique* adapte l'antique Livre des Mutations taoïste à chaque signe chinois. Il vous offre la possibilité de poser des questions sur tous les problèmes vous concernant, des plus quotidiens aux plus généraux, et d'obtenir des oracles appropriés à votre situation.

La légende du Bouddha.

Un certain nouvel An chinois, plus de cinq siècles avant notre ère, le Seigneur Bouddha invita tous les animaux de la création, en leur promettant une récompense à la mesure de sa toute-puissante et miraculeuse mansuétude. L'âme obscurcie par leurs préoccupations du moment – ne dit-on pas en Orient que le propre de l'animal est de manger, dormir, s'accoupler et avoir peur ? – presque tous dédaignèrent l'appel du divin Sage. Douze espèces furent toutefois représentées. Ce furent, dans l'ordre de leur arrivée, le Rat, le Buffle, le Tigre, le Chat, le Dragon, le Serpent, le Cheval, la Chèvre, le Singe, le Coq, le Chien et le Sanglier. D'autres traditions remplacent le Chat par le Lièvre et le Sanglier par le Cochon.

Pour les remercier, le Bouddha offrit à chacun une année qui lui serait désormais dédiée, porterait son nom, resterait imprégnée de son symbolisme et de ses tendances psychologiques spécifiques, marquant, d'âge en âge, le caractère et le comportement des hommes naissant cette année-là.

Ainsi fut établi un cycle de douze ans, épousant la succession et le rythme de ce bestiaire fantastique. (On peut imaginer le travail vertigineux des astrologues si toutes les bêtes avaient répondu à cette convocation !)

Telle est la légende.

Un cycle lunaire.

En réalité, l'astrologie chinoise est très antérieure au développement du Bouddhisme dont l'implantation n'a commencé qu'au Ve siècle de l'ère chrétienne, soit environ mille ans après la mission terrestre du Bouddha Gautama. Or des astrologues pratiquaient déjà leur art en Chine dix siècles avant le Christ. Mais les origines mêmes de cette astrologie sont aussi controversées qu'immémoriales.

Un point est incontestable. Contrairement à l'Occident qui a élaboré une astrologie solaire, fondée sur les déplacements apparents de l'astre diurne dont la position change, de mois en mois, dans notre zodiaque, l'Extrême-Orient a édifié une astrologie lunaire, basée sur le cycle annuel des lunaisons. Voilà pourquoi le nouvel An asiatique — fête du Têt chez les Vietnamiens — ne tombe jamais exactement à la même date.

Les phases de la lune sont également importantes pour un astrologue occidental, mais leur signification et leurs implications n'ont rien de comparable, ne s'inscrivant pas dans le même contexte, le même jeu de correspondances. Sans entrer dans des considérations trop scientifiques — qui sortiraient du propos de cet ouvrage — rappelons simplement l'évidente et multiple influence de la lune, tant au niveau des lois physiques — mouvements des marées — que sur des plans plus subtils concernant la vie du corps — menstruation féminine — et les profondeurs les plus obscures du psychisme. Le terme *lunatique* a un sens tout à fait précis, voire clinique. Des études statistiques récentes ont permis par exemple de souligner un étrange et significatif accroissement de la violence et de la criminalité sanglante les soirs de pleine lune.

D'autre part, des expériences rigoureuses ont démontré l'impact direct de notre satellite sur la composition chimique de certains corps, dont la structure moléculaire peut être modifiée, selon qu'ils sont ou non exposés à la lumière lunaire.

Les nuances.

Nous voici donc avec nos douze animaux emblématiques de l'astrologie orientale. Est-ce à dire que toutes les personnes ayant vu le jour dans une même année du Rat ou du Cheval seront soumises aux mêmes schémas de caractère et de destin ? Pas plus que les natifs du Bélier ou de la Balance ne sont tous réductibles à un même scénario zodiacal.

Dans notre astrologie occidentale, la position des planètes, le calcul de l'Ascendant, du Milieu-du-Ciel et des Maisons permettent d'affiner et d'individualiser considérablement un thème. De même, en Asie, on obtient des résultats d'une surprenante minutie et complexité en intégrant aux données initiales des facteurs tels que le *Compagnon de Route*, déterminé par l'heure de naissance (mais à ne pas confondre avec notre Ascendant), et l'*Élément* prédominant, qui se rapporte aux cinq Éléments – *Terre, Eau, Feu, Bois, Métal.*

Ce triple point de vue – *animal emblématique, Compagnon de Route* et *Élément* – offrira au lecteur une diversité de références complémentaires, un ensemble de perspectives plus riches et plus précises, auquel nous avons adjoint un tableau détaillé des rapports entre signes chinois et signes occidentaux : les deux astrologies étant, par nature, toujours différentes, mais jamais contradictoires, leur rapprochement et leur fusion ne pouvaient aboutir qu'à un approfondissement des types psychologiques issus de l'une et de l'autre.

Il faut cependant insister sur le fait que si l'analogie tient une place éminente dans l'astrologie chinoise, elle n'a ni le même sens, ni la même portée souveraine que pour les Occidentaux.

Chaque signe chinois est un univers en soi, un petit cosmos comportant des lois et des domaines propres, tout à fait indépendants des autres signes. Créature vivante, douée de pouvoirs et de fonctions spécifiques, cet animal emblématique se déploie dans une dimension particulière, originale, crée sa jungle, son nuage, ou son souterrain, définit ses mesures, ses cadences, sa respiration, secrète sa propre chimie – ou plutôt son alchimie. C'est une image souple, mobile, fluctuante, assujettie aux métamorphoses et aux contradictions internes.

Il ne faut surtout pas y chercher un cadre fixe, une

structure rigide, une cage de catégories mentales et d'équations psychologiques plus ou moins rassurantes, où calfeutrer et caler un ego angoissé, toujours en quête d'une réconfortante et flatteuse projection de ses désirs et de ses craintes.

Les correspondances qui nous relient à notre signe chinois sont souvent impossibles à figer dans des formules exclusives, des classifications linéaires.

Le symbole asiatique ne se cerne pas ; il se décerne, comme un cadeau des dieux, du Temps et du Mystère, cadeau savoureux ou empoisonné, qu'un Oriental accepte, avec humilité, dans les deux cas, parce qu'il sait que la saveur peut naître du poison, comme le poison de la saveur.

Le Sage Confucius

Parfois, dans le cours d'une vie, ce sont les circonstances elles-mêmes, plus que tel ou tel trait de caractère, qui semblent véhiculer et concrétiser les principales tendances du signe. En d'autres termes, autour d'un Dragon ou d'un Coq se construira une certaine trame d'événements, majeurs ou mineurs, un peu comme un fond sonore, un arrière-plan symphonique de style Dragon ou Coq.

Avoir et Être.

L'astrologie chinoise inspire et infléchit, depuis des siècles, les décisions et le comportement de centaines de millions d'individus, en Chine, au Japon, en Corée, au Vietnam, avec une intensité qu'il nous est difficile de mesurer et même d'admettre.

Le retour sur soi-même

Pour mieux comprendre l'esprit dans lequel les Asiatiques rattachent cette pratique à leurs problèmes quotidiens, il faut souligner un point capital, qui constitue probablement la différence fondamentale entre les civilisations occidentale et orientale – une ligne de partage et de démarcation quasi infranchissable.

Dans notre société de consommation – quelle que soit la nuance admirative ou péjorative associée à ce terme – la question primordiale, de la naissance à la mort, et à tous les niveaux d'activité, se pose ainsi : *« que puis-je avoir ? »* Acquérir, conquérir, posséder. Avoir : biens matériels, fortune, chance, honneurs, pouvoir, célébrité, succès amoureux, prestige, métier, famille, santé, maison, amis, ou encore culture, savoir, érudition. Que puis-je avoir, conserver, accroître ?

Telle est bien la question lancinante, obsessionnelle, qui sous-tend l'ensemble de nos motivations.

Il suffit de songer aux *modèles* qu'on nous propose : vedettes politiques, super hommes d'affaires, stars du spectacle, artistes ou savants célèbres, champions sportifs, héros de romans noirs ou de bande dessinée, idoles de tous poils, tous ces personnages incarnent le triomphe et la glorification de l'Avoir. Ils peuvent tous dire : « j'ai le plus de puissance, j'ai le plus d'argent, j'ai le plus de records, j'ai le plus de diplômes et de compétences, ou même, j'ai le plus grand amour et, encore, pourquoi pas, j'ai le plus terrible drame, la plus affreuse maladie », etc. La valorisation passe exclusivement par l'avoir.

Bien mieux : la publicité, aujourd'hui omniprésente, consiste, pour l'essentiel, à proclamer qu'il faut absolument *avoir* telle ou telle marque de tel ou tel produit pour *être* – dynamique, séduisant, bien dans sa peau, heureux, comblé.

Pour l'Orient traditionnel, la question décisive n'est pas *« que puis-je avoir ? »* mais *« que puis-je être ? »*.

Le modèle recherché n'est pas celui du grand chef, du superman de la finance, du héros, du champion toutes catégories, mais celui du Sage, pauvre et nu, vivant dans une liberté intérieure totale et une parfaite béatitude. Devant lui, les princes et les magnats se prosternent, car il est l'image de la plus haute réalisation possible de l'homme.

Ajoutons que dans cette perspective, le Sage ne renonce à rien, bien au contraire, puisque ayant atteint la suprême

Les mondes subtils

réalité il est incommensurablement plus riche que les plus fastueux nababs. C'est nous qui, par nos attachements fragmentaires et illusoires, nos convoitises infantiles, nos incessants conflits, renonçons continuellement à la plus merveilleuse félicité – à Dieu.

« Qui suis-je ? » Quelles que soient les approches et les méthodes particulières, écoles, sectes ou ascèses, cette question – en apparence si simple et si banale – est la base et la clef de toute la culture orientale, de ces chemins de libération intérieure, ces voies de connaissance réelle qui se nomment Yoga, Védanta, Tantrisme, Tao, Zen, pour ne citer que les plus connus.

Dans cette optique, la démarche astrologique chinoise peut nous paraître déconcertante. L'Asiatique ne pense pas : *« j'ai* telles prédispositions, aptitudes ou faiblesses, inhérentes à mon horoscope », mais plutôt : « comment puis-je *être* Tigre, ou Chèvre, ou Chien, dans toutes les circonstances de la vie ? »

Les penchants et tendances ne sont jamais l'objet d'un quelconque « avoir », au sens où nous disons couramment : « je possède telle qualité ou tel défaut. » Il s'agit plutôt de directions, impliquant une progression souple et rythmique, une sorte de danse poétique du destin, chaque animal ayant alors son pas, ses pirouettes et ses entrechats, toute une chorégraphie spécifique.

Cette nuance doit être bien perçue pour qui veut évoluer sans s'égarer ni tourner en rond dans cet immense domaine de chatoiements et de mouvances.

Le Yi-King astrologique.

Dans la dernière partie de ce volume, nous proposons un jeu inspiré des oracles du Yi-King, et adapté à chaque signe.

« Le Yi-King, écrit Alan Watts (*Le Bouddhisme Zen*, Payot), est un ouvrage de divination contenant des oracles basés sur 64 figures abstraites, chacune d'elles étant composée de 6 traits. Ces traits sont de deux sortes, traits divisés ou négatifs, et non divisés ou positifs. Un psychologue moderne y verrait une analogie avec le test de Rorschach dont le but est d'établir le portrait mental d'un individu d'après les idées spontanées que lui suggère une tache d'encre au dessin tarabiscoté. Le sujet capable de percevoir ses projections dans la tache d'encre pourrait en déduire des renseignements utiles pour guider son comportement futur. Considéré sous cet angle, l'art divinatoire du Yi-King ne peut être taxé de vulgaire superstition. »

Un pratiquant du Yi-King pourrait en effet soulever une critique de poids concernant les méthodes auxquelles nous faisons appel lorsque nous avons d'importantes décisions à prendre. Nous sommes convaincus que nos décisions sont rationnelles parce que nous nous appuyons sur un faisceau de données valables touchant tel ou tel problème : nous ne

Rapport des signes et des maisons lunaires

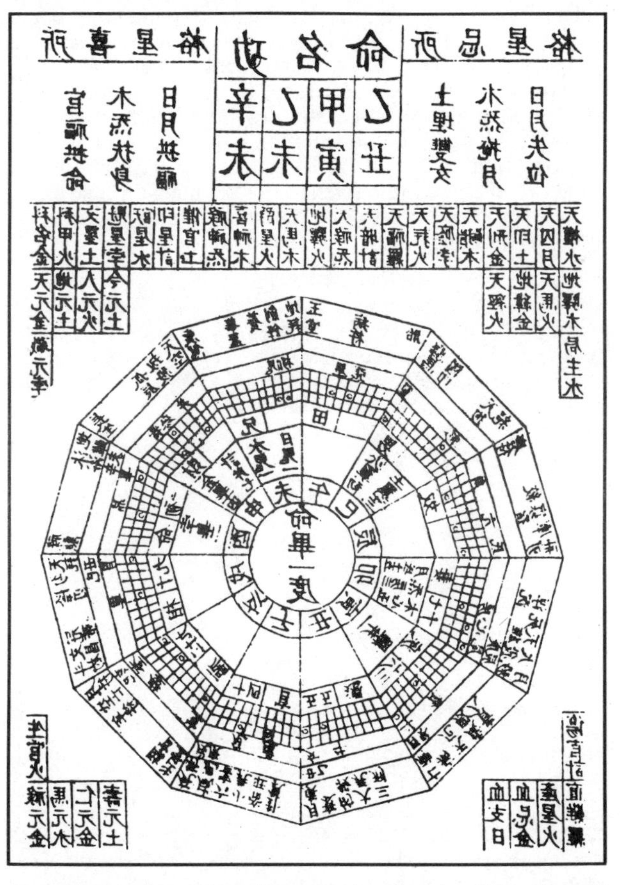

nous en remettons assurément pas au jeu de pile ou face. Il pourrait cependant demander si nous savons quelle information est vraiment valable étant donné que nos plans sont constamment bouleversés par des événements absolument imprévisibles. Si nous étions rigoureusement rationnels dans le choix des informations destinées à guider notre comportement, il faudrait tellement de temps que le moment de l'action serait écoulé avant que l'on ait recueilli suffisamment de données. En fait, si nous nous lançons à la recherche de ces informations d'une façon initialement scientifique, nous sommes rapidement contraints d'agir, soit sur un caprice intuitif, soit parce que nous sommes fatigués de réfléchir ou que le moment est venu de choisir.

Autrement dit, nos décisions les plus importantes sont basées en majeure partie sur des impressions, sur notre capacité à « sentir » une situation. »

Tout pratiquant du Yi-King sait cela. Il sait que sa méthode n'est pas une science exacte, mais un instrument utile et efficace s'il est doué d'une intuition suffisante, ou, comme il dirait, s'il est *« dans le Tao »*...

Immergeons-nous pleinement dans cet univers féerique, afin d'élargir notre vision du monde et d'affiner la perception de notre propre destin.

LE YIN ET LE YANG

Le *Yin* et le *Yang* sont le symbole des deux principes antagonistes et complémentaires dont le jeu indissociable et la constante métamorphose représentent le fondement, le tissu même de l'univers en action. Ils figurent les éternelles paires d'opposés Positif-Négatif, Oui-Non, Blanc-Noir, Jour-Nuit, Plein-Vide, Actif-Passif, Masculin-Féminin, etc. Chacun contient l'autre en germe. C'est pourquoi l'homme (Yang) porte en lui une part féminine (Yin) et la femme (Yin) une part masculine (Yang).

Le couple Yin-Yang est indissoluble et mouvant, chacun des deux termes devenant le terme opposé et complémentaire. C'est ce qu'exprime la traditionnelle figure

Au moment où le Yang (blanc, actif) est à son apogée – partie renflée – le Yin (noir, passif) se substitue à lui insensiblement – partie effilée – et réciproquement.

Le Yin et le Yang n'ont en aucun cas un caractère « moral ». Aucun des deux n'est supérieur ou inférieur à l'autre. Leur opposition est aussi nécessaire et peu conflictuelle que celle de la main gauche et de la main droite qui se frappent pour applaudir.

LES TYPES YIN ET YANG

Le Rat - le Buffle - le Chat - le Singe - le Chien et le Sanglier sont **Yin**.

Le Tigre - le Cheval - le Dragon - le Serpent - la Chèvre et le Coq sont **Yang**.

L'homme Yin

Apparence : L'homme Yin est souvent de forte corpulence, sa taille est moyenne, ses muscles développés. Il jouit d'une excellente résistance physique, et sa santé est solide. Il a souvent le visage rond mais ne sourit pas beaucoup.

Psychologie : L'homme Yin est avant tout préoccupé par lui-même : il a tendance à « tourner autour de son nombril ». Si son comportement est calme, son humeur est instable et dépend des ambiances. Il possède une grande confiance en lui-même, mais craint l'échec.
Sociable, accueillant, il est optimiste vis-à-vis de lui et vis-à-vis des autres. Sa vie est active, il est pragmatique et efficace dans ses entreprises.

L'homme Yang

Apparence : Est de corpulence moyenne, souvent élancé, svelte ; son visage est souriant, il aime les couleurs vives. De santé délicate, il lui est conseillé de prévenir plutôt que guérir.

Psychologie : L'homme Yang est un individualiste porté vers la recherche personnelle, l'évolution, la méditation. Il est intelligent, indépendant, parfois solitaire. Il n'a aucun sens de la hiérarchie, et croit en la liberté. Il préfère l'isolement et le contact avec la nature à la foule. Contrairement à l'homme Yin, il cherche son équilibre en lui-même au lieu de le trouver chez autrui.

Tradition astrologique chinoise de Xavier Frigara et Helen Li, Éditions Dangles.

1re partie :

LE DOMAINE DU RAT

Le RAT
et son symbolisme

Le Rat est un animal de tendance YIN, il vient du Nord et appartient au solstice d'Hiver.

« Le Rat est Yin, car c'est une créature qui vit surtout la nuit. Censé vivre trois cents ans, il devient blanc après sa centième année. Très faste pour ceux qu'il apprécie, c'est un symbole de richesse et de prospérité, le Rat ne séjournant pas dans les maisons mal pourvues. Il est très utilement doué du don de double vue... » *(Jean-Michel de Kermadec, les Huit signes de votre Destin - l'Asiathèque.)*

Pour mieux comprendre ces quelques lignes, ainsi que le « zodiaque » chinois dont l'origine est très obscure, il nous faut plonger au cœur même de la mythologie et du folklore chinois, c'est là seulement que nous pourrons percevoir l'origine et le choix de ces douze animaux, tous héros de vieilles légendes.

Il n'y a pas d'animal néfaste, de bon ou de mauvais, tous participent à un équilibre, une harmonie. Alors, brisons nos frontières rationnelles et partons à la recherche de notre animal au travers des mythes et des légendes, entre le réel et l'imaginaire...

Les chemins sont difficiles d'accès, car le Rat est maître du souterrain, des forces dites « d'en bas », ce qui explique peut-être son don de double vue... frère du serpent et de la taupe, il participe de ce monde des êtres rampants, se lovant sous terre, au fond des caves, ou dans la tiédeur des greniers remplis d'abondantes moissons.

Rat des entrailles, creusant un trou profond, symbole des actions nocturnes et clandestines, il connaîtra la crainte et la cupidité, parfois la misère ; alors il deviendra maître détesté.

« Très faste pour ceux qu'il apprécie... » Qui ne le craint point et sait le reconnaître bénéficiera peut-être de son don de double vue.

Ce frère du serpent et de la taupe trône auprès de Daïkoku dieu de la richesse au Japon, il se fait également emblème de la prospérité en Sibérie...

...Rat vénéré ou Rat détesté ? Nous avons le libre choix, tout comme pour notre destinée.

La Fontaine n'a-t-il pas su nous faire sourire, nous attendrir, avec ses joyeux compères dans : « Le rat des villes et le rat des champs » au festin interrompu par la gente féline, ainsi que dans : « Le chat et le vieux rat » concluant :

« Il était expérimenté,
Et savait que la méfiance
Est Mère de la sûreté. »

Autre Rats-Souris, Mickey, prince du rire et du monde de l'enfance, n'a-t-il point su vaincre nos angoisses, le rire l'emportant sur le tragique ? Restons dans l'univers de la bande dessinée et reconnaissons qu'il est source de

merveilleux. Nous y retrouvons l'irrésistible duo de rats aventuriers « Chlorophyle et Minimum ». Il semblerait que ce soit la meilleure façon d'exorciser nos démons intérieurs : replonger dans la légende à la recherche de nos racines.

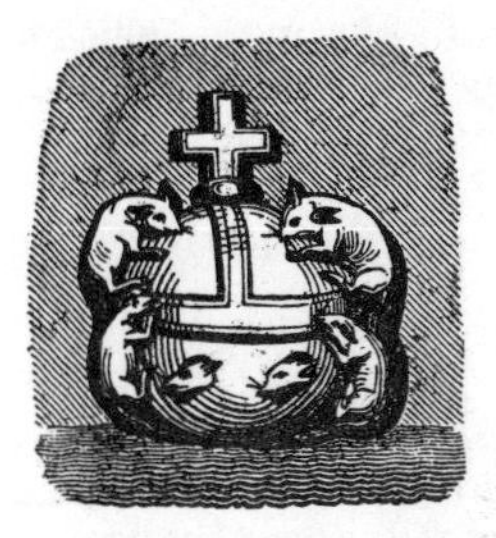

Toutefois, c'est en Inde que le Rat-Souris appelé Müshaka nous apparaît le plus représentatif, le plus fantasque, le plus imaginatif et imprévisible.

Imaginez un minuscule rat servant de monture à une divinité nommée Ganesha. Ganesha représente l'appel des forces spirituelles. Il est le Guide, le Seigneur des obstacles qui, à la fois, suscite ces obstacles pour l'entraînement spirituel de l'homme et enseigne à les surmonter, qui utilise, en les orientant et en les sublimant au lieu de les détruire, toutes les forces en apparence hostiles. Moitié homme, moitié éléphant, il possède une trompe et des défenses. Mélange de grotesque et de solennel, avide et rusé, il chevauche le rat Müshaka.

Ils vont vivre ensemble toutes les aventures de notre monde illogique, fait d'apparences et de réalités éphémères. Les voici associés, complices, parfois considérés comme voleurs, mystificateurs, s'appropriant richesses matérielles et spirituelles, s'emparant du bénéfice et des jouissances de l'être, allant même jusqu'à profiter de l'ascèse.

Ce rat est une sorte de Lucifer, de contradicteur, n'hésitant pas à travestir la vérité, à fausser les routes, mais toujours, en définitive, pour obliger le disciple à purifier sa recherche, et à dissiper impitoyablement les faux-semblants.

En somme, il ne faut pas se fier aux apparences. Apprenons le langage du Rat. Ce rongeur a plus d'un tour dans son sac. De Mickey à Müshaka, de Chlorophyle au Rat Blanc centenaire, le fait est indéniable : le Rat est un magicien !

Petit mémento du Rat

Principales qualités : charme, intelligence, imagination.
Principaux défauts : agressif et individualiste. N'accepte de vivre qu'à son propre rythme.
Dans le travail : habile et opportuniste. Peu fait pour le travail en groupe, à moins que tout le monde dépende de lui.
Son meilleur rôle : éminence grise.
Sa plus mauvaise prestation : employé administratif.
Vis-à-vis de l'argent : à la fois avide et dépensier.
Sa Chance : naître par une nuit d'été, car l'hiver les greniers sont vides et il devra beaucoup travailler pour se nourrir.
Il ne peut pas vivre sans... Passion.
Il adore : tout ce qui est en dehors des sentiers battus. Les châteaux hantés, les frites au Maroc et le couscous en Suède.
Il déteste : les agendas, les réveils et les photos de famille.
Ses loisirs : n'importe quel voyage s'il pense être le premier à le faire. La spéléologie.
Ses lieux de prédilection : grottes, catacombes, souterrains...
Couleurs : rouge et noir.
Plantes : sarriette, absinthe.
Fleurs : orchidée, tubéreuse et chardon.

Métiers Rat : vendeur, voyageur de commerce, expert juridique ou financier, homme d'affaires, critique, écrivain, homme politique (d'extrême droite ou d'extrême gauche - pas de milieu !), spéléologue, vulcanologue, médecin anesthésiste ou anatomo-pathologiste, criminologue, détective et, bien sûr, espion.

Les quatre âges de la vie du Rat, selon la tradition chinoise

L'enfance et la *jeunesse* du Rat seront sans problèmes. Il les vivra dans l'insouciance et le plaisir de la découverte, si l'on excepte une puberté souvent délicate car c'est un signe très « sexuel ».

Sa *maturité* sera plus délicate : cadre de luttes matérielles, elle le verra soumis à des hauts et des bas financiers. Extrémiste sur le plan sentimental, le Rat aura du mal, en ces temps orageux, de résister aux tentations, à ne pas prendre de décisions brutales.

Sa *vieillesse* sera paisible. Il devra la mettre à profit pour se libérer de son agressivité, de son avidité, et accepter enfin son appartenance à un groupe, à un milieu, à un conditionnement historique et social.

La psychologie du Rat

Certains signes du zodiaque chinois nécessitent de notre part, occidentaux empêtrés dans nos conditionnements et notre « way of life », un abandon total des a-priori et une réflexion objective, détachée. Le Rat, tout comme le Serpent, a le triste privilège de provoquer de romantiques pamoisons – ou une homérique bagarre ayant pour but de s'approprier la chaise la plus proche. Quelle est la cause de cette terreur systématique ? Pourquoi certaines personnes seraient-elles effrayées par un rat, plutôt que par une belette, un chien ou une poule ? A la réflexion, cet animal ne présente aucun danger pour l'homme... Mais voilà, notre histoire, notre bagage imaginatif sont remplis de rats, depuis ceux qui quittent le navire à ceux qui apportent la peste, en passant par ceux qui se nourrissent de nos greniers. Apportant la ruine ou la richesse, ils hantent notre inconscient et sont toujours présents dans les histoires que l'on raconte, à la veillée, au coin de l'âtre, dans les vieilles maisons campagnardes emplies de songes et de craquements.

Débarrassons-nous un peu de ces idées toutes faites et rendons justice au rat. En tant qu'animal, il est considéré comme le plus « intelligent » de notre bestiaire (avec, paraît-il, l'araignée et le dauphin). Dans l'astrologie chinoise, il vint le premier à l'appel du Bouddha, devançant ses onze acolytes, ce qui en dit long sur son opportunisme... En outre, avez-vous déjà vu un rat dans un grenier vide ?

Eh oui ! cet animal qui nous effraye a dans l'astrologie chinoise une place privilégiée : il est le premier. Il est donc solitaire, individualiste, entier. Il est sans cesse en éveil, aux aguets, mais il est extrêmement difficile, sinon impossible, de l'influencer ou de lui dicter un mode de conduite.

Je n'ai jamais rencontré de natifs du Rat qui ne soient pas excessivement jaloux de leur liberté et de leur autonomie. Je n'en ai jamais, non plus, rencontré de stupides, bien que cela doive pourtant exister...

Au premier abord, le Rat est aimable. Il a un charme mystérieux, une peau de velours, le museau attractif... Il est d'une étonnante séduction. Celle-ci est-elle totalement naturelle ? pas vraiment car le Rat est plus calculateur que spontané. Mais il aime plaire. Lui qui est en général incapable de concessions peut faire d'énormes efforts s'il s'agit de fasciner quelqu'un, d'asseoir son emprise sur autrui. Goût du pouvoir ? Certes. Mais, encore plus, besoin d'être sécurisé. Plus vous dépendez d'un Rat, plus il a d'influence sur vous, plus il se rassure, se tranquillise et, du coup, reste aussi charmant qu'il l'était au départ. Plus il donne l'impression d'être dénué de toute mauvaise intention, de tout danger pour autrui, plus il le devient : il a un certain pouvoir d'auto-suggestion...

Son but, en fait, est de protéger des investigations d'autrui sa personnalité profonde, qui est faite d'inquiétude et d'agressivité. *Maître des souterrains,* le Rat ne se livre pas facilement et garde farouchement ses secrets. Mais il n'est pas heureux comme cela. Ce serait trop simple... Et notre Rat n'est pas simple. Il voudrait bien être compris, mais dès que l'on essaye de mettre un pied dans son domaine, de le percer à jour, il réagit violemment, devient mordant, critique, rancunier, vindicatif... Tout en espérant que vous ne vous laisserez pas intimider par ce « baroud d'honneur » et essaierez de passer outre. Oui, vraiment, il voudrait se sentir compris, tout en restant différent, tout en pouvant continuer à se plaindre d'être incompris...

Le Rat étant essentiellement introverti – même s'il s'extériorise facilement, en apparence – son agressivité se retourne fréquemment contre lui-même. D'où une tendance assez morbide à s'enfermer dans un cercle d'auto-accusation, de culpabilité, de sentiment d'exclusion et d'impuissance. Il est incapable de vivre dans la tiédeur, de marcher ailleurs que sur des braises ou un terrain miné. Le danger le grise, tout au moins sur le plan moral, car physiquement il ne prend pas de risques. Mais il aime jouer avec son équilibre, frôler ses limites, dépasser les interdits. Ainsi il a l'impression d'exister, il se sent vivant. Enlisé dans le quotidien, il n'aura de cesse de faire naître le danger – sinon il mourrait d'ennui.

Le Rat est actif. Il est même agité, nerveux... Il a besoin de faire travailler son esprit en permanence et d'en tirer un avantage concret. Lorsqu'il ne fait rien, il culpabilise, s'angoisse et tourne en rond, devenant odieux et critiquant tout le monde. Il a besoin de lutter, de se battre : cela le stimule. Anti-conformiste en diable, il supporte mal la quotidienneté et ses petites obligations. En fait il se hérisse devant tout ce qui l'empêche de mener sa vie à sa guise – sauf lorsqu'il est vraiment très, très amoureux – mais nous verrons cela plus tard.

Original, le Rat l'est souvent à tout prix. L'imprévu et le baroque le charment. Il est du genre à oublier les fêtes et les anniversaires, mais il vous souhaitera Noël le quatorze Juillet, ou inversement. Il en sera ravi comme un enfant qui a fait une bonne farce... Mais vous sautera à la gorge si vous lui demandez l'heure, car cela lui rappelle le temps qui passe, le pain quotidien et autres horribles détails. Une vie, pour lui, ce n'est pas une morne succession de jours et de nuits, mais une série d'événements exceptionnels – et il voudrait bien être toujours sur un sommet, vivre toujours des sensations intenses...

Le Rat a beaucoup d'imagination, de créativité... Mais sa moralité est particulière. Il aime transgresser les règles, renverser les tabous, défier l'ordre. Il ne respecte la Loi que lorsqu'il s'agit de la sienne...

L'enfant du Rat

L'enfant né sous le signe du Rat est facile à vivre à une condition : qu'on lui fournisse un cadre de vie sécurisant, tout en le laissant libre de faire ses propres expériences.

Petit, le Rat a un intense besoin d'amour – et d'ailleurs cela ne lui passera jamais... – et ce qui importe à ses yeux, c'est la sincérité, la qualité de cet amour. Il sera aussi heureux dans une cabane en planches que dans un duplex aux Champs-Élysées, si ses parents sont disponibles à son éveil intellectuel, et l'entourent de tendresse. Ce climat affectueux est d'ailleurs le meilleur remède pour désarmer, au départ, l'agressivité du Rat – ou tout au moins la rendre moins virulente.

L'enfant du Rat a aussi besoin de contacts, d'activités en commun, afin de s'extérioriser et de ne pas trop cultiver son goût du secret. Il n'aura pas son pareil pour entraîner ses petits copains dans des explorations exaltantes. Quand j'étais gamine, je suivais avec vénération les tribulations d'une bande de garçons, dont le meneur, natif du Rat, organisait des parties de guerre indienne dans un terrain vague proche de l'hôtel normand où nous passions nos vacances. Il arriva ce qui devait arriver : les parents découvrirent le lieu de nos exploits ; et, par la même occasion, que le terrain en question était doté de quelques mines datant des bombardements de 44. Décontracté, notre Chef-Rat déclara : « mais je le savais, bien sûr ! autrement ce n'aurait pas été drôle... »

Eh oui ! aucun accident n'eut lieu. Il devait y avoir parmi nous des Dragons, avec leur baraka...

L'enfant Rat est aventureux et insouciant. Il travaille bien en classe parce que tout l'intéresse, qu'il est éveillé, intelligent, curieux, et porté à voir au-delà des apparences. Mais c'est plus souvent un littéraire qu'un matheux, et très rarement un bûcheur. C'est aussi un gourmand qui adore les « petites douceurs »...

Ce n'est que plus tard, vers l'adolescence, que l'anxiété s'installe chez le Rat, et souvent en même temps que la puberté et l'éveil de la sexualité. La découverte qu'il est vraiment un homme, ou une femme, et qu'il est obligé de rester avec ce sexe qu'il n'a pas choisi lui est difficile. Et c'est à ce moment-là qu'il prend le plus conscience de ses différences et commence à se protéger des autres. Attention : les jeunes Rats sont très pudiques... Physiquement et moralement. Toute mainmise sur leur intimité serait considérée par eux comme un insupportable viol. Parents, soyez discrets...

Vie sentimentale

Anxieux, tourmentés, réagissant souvent avec agressivité, les Rats ne remporteront jamais la palme du signe le plus « facile à vivre ». Qu'ils laissent cela au Sanglier... En revanche, ils ne sont jamais ennuyeux, et ce sont de grands sentimentaux, qui vivent des passions aussi violentes que celles qu'ils souhaitent inspirer.

La vie affective du Rat n'est jamais simple, car les attirances folles, les liaisons enflammées, les sentiments extrêmes, d'une part font peur à beaucoup, d'autre part sont difficiles à insérer dans le quotidien – quotidien détesté par notre Rat épris de situations intenses. Entre deux romans, le Rat se retrouve donc souvent seul. Il se sent aussi souvent incompris, mais ne se livre pas assez pour combler le fossé qui le sépare des autres.

Égoïste dans sa vie sociale, il est capable, quand il est amoureux, d'une générosité sans bornes. Il a aussi un

certain don pour se mettre dans des situations épouvantablement compliquées, passant du rôle de victime à celui d'agresseur sans que personne ne saisisse exactement ce qui se passe. Il est un peu sado-masochiste... Je peux tout supporter, dira-t-il, sauf l'absence de passion.

Un Rat comblé, compris, est fidèle. Passionnément, profondément fidèle. Mais que survienne une déception, une mésentente, un défaut de complicité... Et là, il cherche ailleurs. Si vous le lui reprochez, il vous exposera son point de vue avec une sincérité touchante. Vous, vous trouverez que c'est plutôt de la mauvaise foi !... Mais le Rat est imbattable à ce petit jeu. Il est en effet toujours sincère... Mais change de sincérité, voilà tout.

Sexuellement, c'est un passionné (encore !) qui aime varier les plaisirs, et ne manque pas d'imagination. Partenaire à rechercher...

Vie familiale

Le coin du feu, l'atmosphère douillette et feutrée des maisons bourgeoises, et les réunions dominicales au cours desquelles les messieurs se font une petite belote pendant que leurs épouses causent gravement de leurs enfants, un

Excellents parents.

ouvrage à la main, tout cela n'est pas fait pour séduire le natif du Rat. Ce n'est pas qu'il ait « quelque chose contre », car il est lucide et sait reconnaître l'utilité de certaines institutions ; dont la famille. Mais il déteste être mêlé aux problèmes de celle des autres. La sienne lui suffit amplement et il a déjà bien du mal à en supporter les obligations !

Un vrai Rat a besoin de s'évader de temps en temps des chemins tracés, surtout s'il a vu le jour dans un milieu traditionnaliste. Il suffit d'employer avec lui quelques poncifs du style « mais que vont penser les gens ? » pour qu'il se transforme en révolutionnaire, en anarchiste grinçant. Il sera plus à l'aise s'il crée sa propre famille. Là, le résultat sera étrange. Tout ce petit monde évoluera dans un climat curieux, où la fantaisie la plus échevelée s'accommodera de l'organisation la plus rigoureuse. Les invités, les personnes de l'extérieur, auront l'impression d'une désorganisation totale, pour s'apercevoir peu après, stupéfaits, que les enfants sont couchés à l'heure, le rôti bien cuit, et le maître – ou la maîtresse – de maison du Rat parfaitement aimable et détendu.

Les natifs du Rat font en général d'excellents parents, car ils ont de l'autorité, tout en n'étant guère conformistes. Ils sont toujours très attentifs à ce qui se passe dans la tête de leurs enfants, favorisent l'éveil de leur intelligence et de leur imagination, en leur proposant sans cesse de nouvelles occasions d'apprendre, de comprendre, d'expérimenter. Ils font tout ce qu'ils peuvent pour que leur progéniture ait une alimentation riche – nutritionnellement, comme intellectuellement. Leurs enfants se sentiront protégés et encouragés, surtout s'ils ont la bonne idée de naître dans une année du Buffle, du Chat, du Sanglier ou de la Chèvre. Mais le parent Rat aura du mal avec le Singe – qui lui glissera entre les doigts – le Serpent – qui ne lui obéira jamais – le Tigre et le Cheval, beaucoup trop indépendants pour supporter son autorité. Quant à un enfant Dragon, il fera de son père ou de sa mère Rat tout ce qu'il voudra...

Il ne serait pas facile pour un parent Rat de donner le jour à un Chien, car leurs angoisses respectives ne pourraient que s'intensifier mutuellement.

Vie professionnelle

Indépendant et actif, le Rat n'est guère fait pour l'administration, sauf dans le cas, assez rare, où des insatisfactions répétées, liées à un besoin de sécurité matérielle dominant, l'auront conduit derrière un bureau poussiéreux encombré de classeurs – à l'abri desquels il passera beaucoup de temps à critiquer ses supérieurs, et à médire de ses collègues, vaste troupeau abêti par les pointages... Le Rat « raté » est en effet amer... et encore plus agressif qu'en temps normal. Le Don Basile du « Barbier de Séville », avec son air de la calomnie, était peut-être Rat ?

Dans leur majorité, les natifs du Rat arrivent à quelque chose d'intéressant, soit sur le plan financier, soit sur le plan créatif. De toutes façons ce n'est jamais banal. Ayant le sens de la lutte et l'esprit de compétition, un vrai Rat, dès le bas de l'échelle, entamera une lutte discrète – il rongera

Jamais banal.

les barreaux, la nuit, en silence ! – afin d'évincer ceux qu'il estime moins doués que lui pour effectuer un travail. Il est débrouillard, astucieux, et compte, avec raison, davantage sur son habileté que sur sa régularité ou sa persévérance. Ajoutons à cela qu'il s'organise très bien, de façon à s'y retrouver, alors que tous les autres s'y perdent...

Mais attention : rares sont les Rats qui apprécient l'action pour l'action, ou travaillent pour le plaisir. Soyez sûrs que s'ils en ont la possibilité, ils profiteront au maximum de leurs acquis. Et feront travailler les autres. « Charité bien ordonnée commence par soi-même » est un proverbe fait pour les Rats.

L'activité du Rat est en général plus intellectuelle que manuelle. On rencontre parmi les natifs de ce signe beaucoup d'hommes d'affaires, mais aussi beaucoup d'artistes et d'écrivains.

Quant aux dames Rat, elles savent, en plus, faire marcher leur maison.

Vie matérielle

Le comportement du Rat vis-à-vis de l'argent est assez ambigu. Son angoisse latente est à l'origine d'une « peur de manquer » qui le pousse à amasser, engranger, thésauriser. Pas seulement pour lui, d'ailleurs, mais aussi pour un petit groupe de privilégiés, qu'il aime, qui l'aiment (important) et qui, à ses yeux, méritent son affection (encore plus important).

Il est donc capable de se construire un fort Knox, de l'entourer de barbelés, et de monter la garde devant, kalachnikov à la main. Au bout d'une heure, il en aura assez, prendra son argent et le dilapidera allègrement. Car c'est un profiteur, qui aime jouir de la vie et déteste se priver. Incapable par ailleurs d'économiser de façon précise et organisée, plus avide que raisonnable, riche un jour, il sera pauvre le lendemain...

Le Rat, avouons-le, est intéressé. S'il vous fait un cadeau, c'est pour vous faire plaisir, bien sûr... Mais soyez certain qu'il évalue déjà ce qu'il pourra obtenir en échange, moralement – et concrètement. Il est doué pour le troc.

Un conseil : ne lui demandez jamais de vous prêter de l'argent si vous ne voulez pas lui en rembourser les intérêts jusqu'à la fin de vos jours. Ne lui demandez pas non plus de faire des achats pour vous. Les Rats sont souvent des acharnés des soldes, mais ils achètent absolument n'importe quoi sous le prétexte de « faire une économie »...

Environnement

Au fond de lui-même, le Rat rêve de châteaux hantés, de ponts-levis et d'oubliettes. Il y ajouterait volontiers, histoire de voir la tête de ses invités, quelques squelettes dans les placards, et irait peut-être jusqu'à se déguiser lui-même en fantôme ou – pourquoi pas ? – en vampire. Serait-ce que sa demeure idéale se trouve quelque part en Transsylvanie ? s'épanouirait-il au milieu des toiles d'araignée, et ne sortirait-il que la nuit, après avoir adressé un signe amical au portrait de son aïeul, un certain comte Dracula ? Pas tout à fait... Le Rat est trop méticuleux. La poussière des ans le ferait vite éternuer. Plongé dans l'ambiance fantasmagorique de ses rêves intimes, il ne tiendrait pas une semaine sans prendre l'aspirateur, dresser un emploi du temps aux fantômes et graisser leurs chaînes. Son dégoût des ordres s'accompagne curieusement d'un goût effrené pour l'ordre – celui qu'il crée et qu'il entretient. Madame Rat est une remarquable maîtresse de maison, et Monsieur Rat ne cesse d'améliorer son intérieur.

En conséquence, le cadre de vie des natifs du Rat, c'est un appartement confortable, bien organisé, doté de tous les appareils ménagers imaginables, avec une cuisine fonctionnelle. Le tout décoré de quelques objets bizarres – têtes réduites de ses ennemis préférés, chaudrons de sorcières, masques africains, etc... Sans oublier une impressionnante bibliothèque et une chaîne Hi-Fi pour écouter de la musique religieuse, ou du tam-tam.

Pour que son bonheur soit complet, il y faudrait aussi une cave avec quelques trappes secrètes. Sinon, il pourra toujours aller passer ses vacances en Transsylvanie...

Petit guide des relations avec un Rat

Ses méthodes de séduction :
Lui : il vous emmène dans un endroit romantique et mystérieux, par une nuit brumeuse, et là vous demande carrément si vous voulez coucher avec lui.
Elle : se transforme en ombre étrange et voilée, alterne les chaudes confidences et les coups de griffe, main de fer dans gant de velours...

S'il vous aime : il vous le dira, et vous donnera l'impression que rien n'est trop beau pour vous. Demandez-lui la lune, il est capable de vous la rapporter.

Il attend de vous : que vous l'aimiez à la folie.

Pour vous garder : il, ou elle, vous fait passer des nuits inoubliables et épuisantes.

S'il vous trompe : c'est par hasard. D'ailleurs il le regrette déjà, il culpabilise, il se cherche des excuses avec une invraisemblable et attendrissante mauvaise foi...

Si vous le trompez : il vous trompe.

En cas de rupture : il vous laisse prendre la décision vous-même, afin de pouvoir vous le reprocher par la suite... Ou alors, si vraiment il n'en peut plus, il provoque, par n'importe quel moyen, une irréparable dispute.

Si vous voulez lui faire un cadeau : offrez-lui un objet étrange qui ait l'air de venir d'ailleurs. Pas besoin que ce soit utile. Apportez-le lui enveloppé dans un papier journal et chuchotez que vous l'avez volé dans un temple hindou ou un tombeau égyptien. Ne lui avouez jamais que vous l'avez acheté à l'expo orientale des Galeries Lafayette.

Si vous voulez le séduire : emmenez-le dans la vieille maison abandonnée de votre grand-mère, faites un feu de joie avec les vieilles lettres, et improvisez un dîner aux chandelles. Au menu : n'importe quoi – et du bon vin.

Si vous voulez le faire fuir : emmenez-le déjeuner chez vous dimanche, le jour justement où l'oncle et la tante de Bordeaux amènent leur progéniture et leurs photos de vacances.

ANDREW BEST & LELOIR

Le Rat
et les autres signes chinois

Rat/Rat

C'est à celui qui sera le plus compliqué ! Au début, ces deux-là vont s'émerveiller de leurs points communs, s'attendrir en observant l'autre – se regarder dans un miroir, en somme. Leur passion sera totale, déraisonnable, exaltante...

Mais les relations d'osmose ne sont pas des plus dynamiques, aussi faudrait-il que, par exemple, les signes occidentaux de ces Rats soient opposés, afin qu'ils ne se noient pas dans leurs ressemblances.

C'est *la durée* qui sera donc le point faible de ce lien. Il est cependant souhaitable, pour tout Rat, de vivre une expérience affective avec un de ses homonymes ; cela lui servira, au moins, à comprendre pourquoi sa vie affective est parfois si difficile, à condition toutefois qu'il accepte de reconnaître, dans les tendances de l'autre, les siennes propres.

Amitié délicate entre deux Rats, car s'ils sont complices sur beaucoup de plans, ils risquent d'entrer en compétition sur celui de l'autorité.

Rat / Buffle

Le Rat et le Buffle s'entendent bien. Tous deux individualistes ils sont bien placés pour comprendre et admettre l'indépendance de l'autre. Ensuite, le Rat a besoin d'être pris au sérieux, et le Buffle, de toutes façons, prend tout très au sérieux ! en plus, peu porté sur les cancans, il respectera les secrets de son partenaire. Cela ira moins bien lorsque le Rat, qui ne sait pas résister au charme des confidences, surtout lorsqu'elles sont un peu hardies, ira raconter à ses copains de régiment (ou ses amies de pension) les prouesses intimes du Buffle... Ce dernier, s'il l'apprend, verra rouge.

Le besoin de passion du Rat ne sera peut-être pas toujours entièrement satisfait car le Buffle ne pense pas qu'à cela. Avant de se coucher, il fait ses comptes et vérifie si le gaz est bien fermé. Mais il est fidèle et sécurisant, car, au masculin ou au féminin, il prend toujours ses responsabilités. En fait, le Rat y trouvera son compte. Et le Buffle aussi, car l'intelligence et la vivacité de ce compagnon lui seront utiles dans la vie de tous les jours.

Rat / Tigre

Le Rat est toujours fasciné par les signes qui s'avèrent capables d'actions risquées : c'est là un des meilleurs moyens de provoquer son admiration. Inutile de dire que le Tigre a tous les atouts dans sa poche pour cela...

Leurs relations ne seront pas de tout repos. Passionnelles, certes ! ils y trouveront tous deux de grandes satisfactions. Mais le Tigre a une âme de chasseur, et de temps en temps, en bon félin, il a besoin de quitter sa tanière pour aller guetter d'éventuelles proies...

Le Rat inquiet aura bien du mal à comprendre que ces

conquêtes ne sont qu'un jeu, une façon pour le Tigre de se prouver qu'il est irrésistible. Mais s'il réalise que ces escapades sont rarement définitives, ils pourront nouer ensemble des liens durables.

Petit hic : le Tigre est réaliste, certes (il faut bien !) mais très désintéressé. L'avidité du Rat, sa crainte du lendemain lui seront complètement étrangères... Il s'en moquera joyeusement. Plus tard, il sera peut-être bien content de retrouver au congélateur la viande qu'autrement il aurait laissé perdre. Finalement, ils se disputeront peut-être à ce sujet, mais y seront complémentaires.

Rat/Chat

Éprises de calme et d'harmonie, les personnes nées pendant une année du Chat détestent les situations extrêmes et sont mal armées vis-à-vis des tensions.

Le Rat, sans réaliser que son inquiétude native lui crée des points communs avec ces gracieux animaux, qualifiera illico la prudence du Chat de pusillanimité. Ce dernier se hérissera devant les critiques acerbes du Rat.

Si, dans nos fables, le premier poursuit le second et finit souvent par le transformer en petit déjeuner, il n'en est pas de même dans l'astrologie chinoise ; la lutte y est plus égale... Mais la mésentente y est aussi viscérale ; si un Rat aime un Chat, il ne comprendra pas que celui-ci soit à la fois changeant, instable, et attaché à sa sécurité. Et puis, la tranquillité, l'harmonie, le Rat s'en moque. Il préfère vivre sur la corde raide ou des tisons ardents. Or, c'est bien connu, chat échaudé, etc. Vraiment il leur faudrait faire un gros effort pour vivre ensemble sur le plan affectif. En revanche, frère et sœur, ou amis, leurs divergences peuvent leur fournir l'occasion d'une expérience utile.

Rat/Dragon

Alliance très positive pour le Rat : la brillance du Dragon forcera son estime, l'épatera, l'émoustillera... Il lui portera volontiers un attachement violent, irraisonné, fera, lui si intelligent, si lucide, les plus énormes bêtises avec délectation, pour attirer sur lui, rongeur modeste et avide d'amour, le regard flamboyant de ce prince du ciel.

Là, on peut se poser une question. Le Dragon « verra »-t-il vraiment le Rat ? Eh bien, pas toujours. Il l'oubliera de temps en temps, sollicité par un nouvel enthousiasme. Mais il aime tellement être adoré, adulé, admiré ! la passion du Rat sera comme un baume sur ses écailles, comme une fraîche pluie pour son souffle incandescent...

Un sentiment durable peut donc les lier, que ce soit d'ailleurs sur le plan affectif, amical ou professionnel. Ils se complètent : le Dragon brillera en paix, et le Rat attentif verra pour lui les obstacles du chemin, et lui soufflera, avant la bataille, quel est le point faible de ses adversaires. Il sera très heureux dans ce rôle occulte – et s'y sentira indispensable. Et puis, aveuglé par son amour, il n'aura pas le temps de chercher le défaut de la cuirasse du Dragon. Tout sera pour le mieux dans le meilleur des zoos...

Rat/Serpent

Drôle de mélange... Bien sûr, l'un et l'autre sont, sous un abord calme, habiles et opportunistes. Cela fait un point commun positif, surtout dans le domaine des affaires. Le Rat est actif, et le Serpent serait plutôt partisan du moindre effort. L'un secouera l'autre, l'autre calmera l'un... Les deux sont possessifs – et le Serpent a de la fidélité une notion toute relative. S'il trompe son partenaire, il admettra mal que celui-ci lui rendre la pareille. Ce dernier sortira ses griffes. L'autre essaiera de l'étouffer... Cela devient de plus en plus compliqué.

Le Rat et le Serpent, en fait, n'ont pas besoin l'un de

Rat et Serpent :
ils s'amusent bien ensemble.

l'autre, car ils sont capables, au gré des occasions, d'utiliser les mêmes armes, avec la même efficacité. Mais ils ont l'un pour l'autre de l'estime, voire de la camaraderie. Pourvus d'humour noir, ils s'amusent bien ensemble. Si leur lien est affectif, il sera basé sur une compréhension voisine de la tolérance assez étrangère à ces deux signes – mais comment faire autrement ? Ils se percent à jour sans difficulté. Et l'agressivité du Rat s'émoussera toujours sur le sourire lisse du Serpent. Attention : relation souterraine et secrète. Ils seront les seuls à s'y retrouver.

Rat/Cheval

Le Rat et le Cheval ont deux points communs : ils sont tous deux fort égoïstes mais capables de faire beaucoup de bêtises lorsque la passion les trouble et les emporte.

Cependant, entre deux passions, le Rat est lucide ; et même au cœur d'un brasier affectif, il demeure capable d'écouter la petite voix de la sagesse, de distinguer l'étincelle de lucidité qui l'aidera à repérer les limites qu'il serait vraiment trop dangereux de franchir.

Pas le Cheval ! lui, il ne connaît pas de limites et l'amour ne l'attire que par sa capacité à lui faire dépasser les frontières du possible. Il ne réfléchit pas... Il se vautre dans la réalisation de ses désirs comme un bourdon dans une fleur.

Tout ceci pour dire qu'un Rat jugera toujours de façon critique les excès et les débordements du Cheval ; il le jugera superficiel. Le Cheval, de son côté, l'accusera de méchanceté. Aucun des deux n'aura vraiment tort...

La tradition astrologique chinoise conseille d'ailleurs à ces deux signes d'éviter toute relation sentimentale. Cela n'est pas très difficile, car ils ne s'attirent guère.

Rat/Chèvre

Voici encore une relation que la tradition n'encourage guère. Il est vrai que les traits spécifiques de ces deux signes ne sont pas en harmonie. Le Rat est trop intéressé, trop critique, trop lucide aussi pour supporter longtemps l'insouciance et la fantaisie de la Chèvre. Et, bien

qu'imaginatif, il n'est pas assez souple ni esthète pour suivre celle-ci dans sa quête du « Beau-à-tout-prix ».

La Chèvre sera déçue dans cette relation. Elle s'y sentira incomprise et détestera les attaques du Rat. Agacé par ce qu'il estimera être de l'inconsistance, ce dernier multipliera les piques. L'un évoluant de façon souterraine, l'autre vivant dans les nuages, il leur est de toutes façons difficile de se rencontrer...

Un vrai Rat aime la sécurité, mais il admire ceux qui sont capables de se la procurer eux-mêmes. Ce n'est pas le fort de la Chèvre, qui a besoin, souvent, d'un mécène. A moins que les signes occidentaux soient vraiment en grande harmonie, cette relation entre personnalités très différentes n'est guère à conseiller.

Rat/Singe

Il est difficile, dans le cas d'une relation Rat/Singe, de conseiller abruptement aux participants de s'éviter comme la peste. Bien sûr, en le faisant, ils échapperaient à pas mal d'ennuis et de complications. Mais justement, ils les aiment, les complications... Cela risque de donner un alliage assez tortueux.

Semblables sur beaucoup de plans, le Rat et le Singe peuvent se sentir complices, s'amuser ensemble. Mais l'un cherchera toujours à rouler l'autre, à le dominer sans en avoir l'air. Chacun de leur côté, ils se diront « c'est moi le plus fort, je l'ai bien eu, hein ? » et ils se tromperont tous les deux.

S'ils sont amis ou associés, cette alliance sera instable mais dynamisante. S'ils s'aiment, cela devient plus critique, car le Singe lucide est incapable de suivre le Rat dans les abîmes de sa passion, et de lui apporter l'attention qu'il demande. A la rigueur, il sera, en alternance, charmant, prévenant, soûlant son Rat de phrases dithyrambiques... Puis froid, indifférent, insouciant. Cela peut détruire le Rat. Qu'il fasse attention : son équilibre est en danger, car le Singe le dominera trop souvent pour son goût.

Rat/Coq

Il est toujours à craindre que le Rat ne voie que les défauts du Coq et se laisse hypnotiser par eux. Illico il refusera de fréquenter cet individu aussi horriblement sûr de lui, le jugera vaniteux et superficiel...

Si le Rat se donne la peine d'aller un peu au-delà des apparences, il découvrira chez le Coq des tendances qui lui plairont. Ensemble, ils critiqueront joyeusement leur entourage et pourraient même monter une école d'agressivité...

Rat et Coq :
ensemble, ils peuvent finir sur la paille.

S'ils retournent leur agressivité et leur sens critique l'un contre l'autre, en revanche, cela tournera au pugilat. Puis, aucun des deux n'est très doué pour l'économie. Ils se mettraient sur la paille, se ruineraient, d'abord en cadeaux, puis en procès...

Si l'homme est Rat et la femme Coq, ce sera mieux, car elle est une personne raisonnable et sait se débrouiller au niveau du quotidien, même si ça l'agace. Si c'est la femme qui est Rat... Conseillons-leur d'ouvrir une boutique de soldes, d'engager une vendeuse aimable, puis, tant qu'à faire, de ne pas bouffer leur capital...

Rat/Chien

Pourquoi pas ? Le Rat, toujours hanté par la vague pensée des boisseaux de grain dont il aura besoin pour ses vieux jours, est bien placé pour comprendre l'inquiétude profonde du Chien.

De son côté, le Chien, qui protège attentivement ses frontières, ne s'offusquera pas de la manie du secret de son compagnon. Ils accepteront sans conflit leurs légères différences mais se délecteront de leurs ressemblances, et iront leur petit bonhomme de chemin, discrets complices, ne voyageant que la nuit, et n'adressant pas la parole au premier passant venu.

Cette alliance développera leur réciproque goût du mystère et, curieusement, les sécurisera, car ils se donnent mutuellement confiance : le Chien, parce qu'il est fidèle, chose dont le Rat a besoin, et ce dernier parce qu'il sait se défendre avec vigueur en cas de difficultés.

En somme, une relation à conseiller, aussi bien dans le domaine du sentiment que dans celui des affaires.

Rat/Sanglier

Le Rat et le Sanglier ont en commun d'être des jouisseurs impénitents, qui aiment profiter de la vie et vont même parfois jusqu'à brûler la chandelle par les deux bouts. Nul doute qu'ils ne prennent du plaisir ensemble : s'aiguillonnant mutuellement, ils feront des expériences fantastiques, à tous les niveaux.

Le Rat risque cependant d'être agacé par certains accès de naïveté du Sanglier. Surtout, bien sûr, s'il ne l'aime pas ou si cette relation est d'ordre professionnel ou familial.

Mais si la passion s'en mêle, notre Rat, comblé par la gentillesse, les attentions et la sérénité de son partenaire, n'aura de cesse de prendre sa défense, de le pousser, l'encourager, le dynamiser. Il lui apprendra aussi, probablement, quelques petits trucs pour ne pas payer ses contraventions. Le Sanglier sera un peu choqué, puis il s'y fera...

相靠使工夫無間斷、始得若無間斷、靜時固靜、動時心亦

在水、潮至則動、潮退則止、有事則動、無事則靜、雖然動靜

事皆然、且如涵養致知亦何所始、但學者須自截從一處

CÉLÉBRITÉS DU RAT

Adenauer, Raymond Barre, Beaumarchais, Beranger, Bernanos, Boileau, Lucrèce Borgia, Brantôme, Werner Von Braun, Charlotte Brontë, Bunuel, Jimmy Carter, Pablo Casals, Sainte Cécile, Charles Ier d'Angleterre, Chateaubriand, Maurice Chevalier, Clausewitz, Charlotte Corday, Daudet, Delcassé, Depardieu, Desnos, Disraeli, Dunant, Manuel de Falla, Claude Farrère, Fragonart, Galilée, Julien Green, Sacha Guitry, Haydn, Hoche, Himmler, Ibsen, Ingres, Ionesco, Joffre, Jouhandeau, Lawrence d'Arabie, J. London, L. Lumière, Marborough, Mata-hari, Monet, Monge, Mozart, Necker, Anna de Noailles, Pierre-le-Grand, Piranèse, Prévert, Racine, Odilon Redon, Jules Renard, Rodin, Rossini, Sainte-Beuve, Saint-Exupéry, George Sand, Scarlatti, Shakespeare, Shelley, Johan Strauss, Eugène Sue, Taine, Tchaïkowski, Tchang Kaï-Chek, Thorez, Tiepolo, Tolstoï, Torquemada, Toulouse-Lautrec, Miguel de Unamuno, Véronèse, Vlaminck, Washington, Watteau, Zola.

2e partie :

LE COMPAGNON DE ROUTE

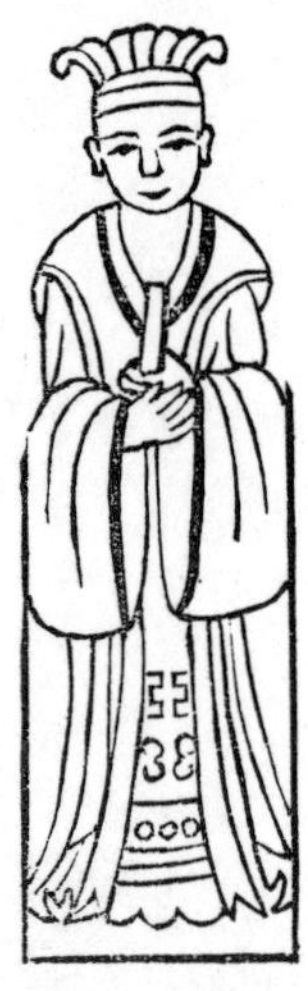

N'avez-vous pas déjà ressenti, au fond de vous, la présence subtile d'un autre « moi-même », avec lequel vous vivez, tantôt en harmonie, tantôt en conflit ? Qui tantôt vous critique, tantôt vous encourage ? C'est cela, le Compagnon de route.

Il fera parfois figure d'imposteur, d'importun. Il est vrai qu'il dérange souvent vos habitudes, notre confort moral ou spirituel. Avec ce double intérieur, la route est moins monotone et le voyageur multiplie ses chances d'arriver au but qu'il s'est fixé, peu importe le but — seul compte le voyage. Le plus grand danger venant du sommeil, il est utile d'avoir un Compagnon capable de vous maintenir en « état d'éveil », renversant pour cela, si nécessaire, vos points de repères, piétinant vos jardins secrets, déchirant enfin le grand voile de l'illusion.

Il arrive quelquefois que le Compagnon de route soit le signe même de votre année de naissance, un frère jumeau en quelque sorte, par exemple : un Rat/Rat. Dans ce cas sachez qu'il vous acculera à vous assumer pleinement et à vivre le double aspect, le Yin et le Yang que vous portez en vous... De toute façon vous portez en vous les douze Animaux. Alors partez sur la longue route, pour la grande aventure, le beau voyage au cours duquel vous croiserez harmoniquement enchevêtrés le solennel et le grotesque, le réel éphémère, le rêve et l'imaginaire.

Le signe chinois de votre heure de naissance.

Le compagnon de route est une sorte « d'Ascendant » en correspondance avec votre heure de naissance, un autre animal appartenant au cycle des douze animaux emblématiques chinois. Un compagnon vous emboîtant le pas, prêt à vous porter secours, défiant pièges et embûches sur votre route, ombre permanente et bénéfique rendant possible l'impossible.

C'est un complément, un *plus* : avec son caractère propre, sa tendance, sa psychologie différente, il sera à la fois témoin et acteur de votre vie, ange gardien et avocat du diable.

O. BRUX.

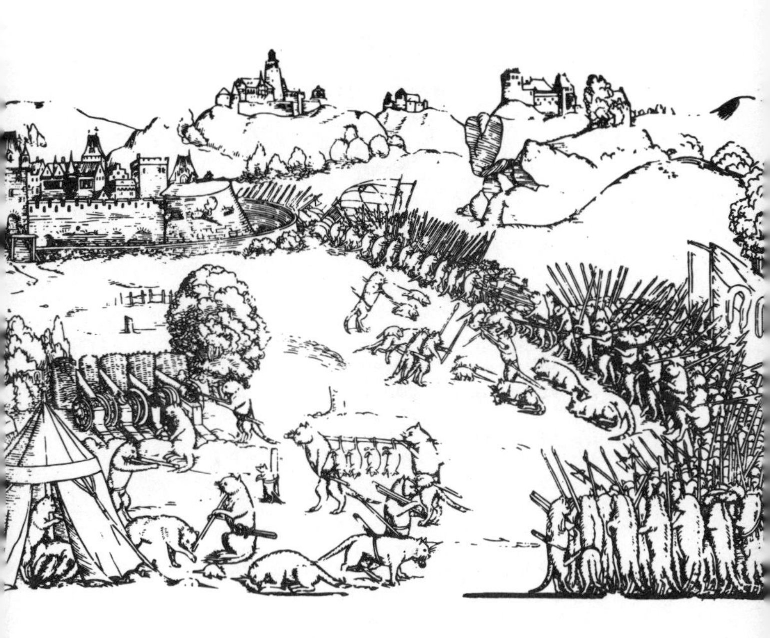

« Le compagnon de route » ou Ascendant chinois se détermine, comme dans l'astrologie occidentale, en tenant compte de l'heure de la naissance.

Seule différence — mais de taille — il se calcule, traditionnellement, non pas en « heure locale » (heure et lieu de naissance) mais en heure de Pékin.

Sans vouloir formuler de jugement, cette pratique est sujette à discussion : en effet, elle a été mise au point pour des personnes nées exclusivement en Chine ou au Viet-nam ; il serait donc logique de l'adapter pour ceux qui ont vu le jour dans d'autres pays. C'est pourquoi nous indiquons ici les deux façons de procéder : Ascendant calculé « à la chinoise » et « à l'occidentale ».

Tout d'abord, il importe de trouver l'heure solaire de votre naissance (heure du méridien de Greenwich) qui va servir de base à tous les calculs. Consultez les tableaux suivants pour savoir s'il faut retrancher une ou deux heures à celle qui figure sur votre fiche d'état civil :

HEURE D'ETE

En France depuis 1916

Du 14 juin au 1er octobre 1916 : – 1 h
Du 24 mars au 7 octobre 1917 : – 1 h
Du 9 mars au 6 octobre 1918 : – 1 h
Du 1er mars au 5 octobre 1919 : – 1 h
Du 14 février au 25 octobre 1920 : – 1 h
Du 14 mars au 25 octobre 1921 : – 1 h
Du 25 mars au 7 octobre 1922 : – 1 h
Du 26 mai au 6 octobre 1923 : – 1 h
Du 29 mars au 4 octobre 1924 : – 1 h
Du 4 avril au 3 octobre 1925 : – 1 h
Du 17 avril au 2 octobre 1926 : – 1 h
Du 9 avril au 1er octobre 1927 : – 1 h
Du 14 avril au 6 octobre 1928 : – 1 h
Du 20 avril au 5 octobre 1929 : – 1 h
Du 12 avril au 4 octobre 1930 : – 1 h
Du 18 avril au 3 octobre 1931 : – 1 h
Du 16 avril au 1er octobre 1932 : – 1 h
Du 26 mars au 8 octobre 1933 : – 1 h
Du 7 avril au 6 octobre 1934 : – 1 h
Du 30 mars au 5 octobre 1935 : – 1 h
Du 18 avril au 3 octobre 1936 : – 1 h
Du 3 avril au 2 octobre 1937 : – 1 h
Du 26 mars au 1er octobre 1938 : – 1 h
Du 15 avril au 18 novembre 1939 : – 1 h
Du 24 février au 15 juin 1940 : – 1 h

HEURE D'ETE

Entre 1940 et 1945

Zone libre

Du 25 février 1940 au 4 mai 1941, 23 h : – 1 h
Du 4 mai 1941, 23 h au 6 octobre 1941, 0 h : – 2 h
Du 6 octobre 1941, 0 h au 8 mars 1942, 24 h : – 1 h
Du 9 mars 1942, 0 h au 2 novembre 1942, 3 h : – 2 h
Du 2 novembre 1942, 3 h au 29 mars 1943, 3 h : – 1 h
Du 29 mars 1943, 3 h au 4 octobre 1943, 3 h : – 2 h
Du 4 octobre 1943, 3 h au 3 avril 1944, 2 h : – 1 h
Du 3 avril 1944, 2 h au 8 octobre 1944, 0 h : – 2 h
Du 8 octobre 1944, 0 h au 2 avril 1945, 2 h : – 1 h
Du 2 avril 1945, 2 h au 16 septembre 1945, 3 h : – 1 h

Zone occupée

C'est l'avance des armées d'occupation qui a déterminé l'adoption de l'heure d'été allemande. Celle-ci a été en vigueur à partir du 15 juin 1940, 11 h, à Paris, et du 1er juillet 1940, 23 h, à Bordeaux. Donc, à partir de ces dates jusqu'au 2 novembre 1942, 3 h : – 2 h. A partir du 2 novembre 1942 le régime horaire fut le même qu'en zone libre.

De 1945 à 1976 : heure légale — 1 h

Depuis 1976

Du 28 mars, 1 h au 26 septembre 1976, 1 h : — 2 h
Du 3 avril, 2 h au 25 septembre 1977, 3 h : — 2 h
Du 2 avril, 2 h au 1er octobre 1978, 2 h : — 2 h
Du 1 avril, 2 h au 30 septembre 1979, 3 h : — 2 h
Du 6 avril, 2 h au 28 septembre 1980, 3 h : — 2 h
Du 29 mars, 2 h au 27 septembre 1981, 3 h : — 2 h
Du 28 mars, 1 h au 26 septembre 1982, 1 h : — 2 h
Du 27 mars, 2 h au 25 septembre 1983, 3 h : — 2 h
Du 25 mars, 2 h au 30 septembre 1984, 3 h : — 2 h
Du 31 mars, 2 h au 29 septembre 1985, 3 h : — 2 h
Du 30 mars, 2 h au 28 septembre 1986, 3 h : — 2 h
Du 29 mars, 2 h au 27 septembre 1987, 3 h : — 2 h

Par exemple, vous êtes né un 9 août 1954 à 1 h du matin : vous devez retrancher 1 h, ce qui égale 0 h en heure solaire.

Ensuite, si vous voulez calculer votre ascendant « à la chinoise » vous ajoutez 8 h (fuseau horaire de Pékin) à l'heure obtenue : dans notre exemple, 0 h + 8 h = 8 h.

Si vous préférez le calculer « à l'occidentale », vous n'avez aucune correction supplémentaire à faire.

Pour connaître votre compagnon de route ou ascendant chinois, vous vous reportez au tableau suivant, qui indique les correspondances entre les heures et les signes, chacun des signes couvrant deux heures :

Si **vous êtes né** entre		votre **compagnon** est
	23 h et 1 h	Rat
	1 h et 3 h	Buffle
	3 h et 5 h	Tigre
	5 h et 7 h	Chat
	7 h et 9 h	Dragon
	9 h et 11 h	Serpent
	11 h et 13 h	Cheval
	13 h et 15 h	Chèvre
	15 h et 17 h	Singe
	17 h et 19 h	Coq
	19 h et 21 h	Chien
	21 h et 23 h	Sanglier

En s'en référant encore une fois à notre exemple, cela donne un ascendant chinois Dragon, et si on le calcule en heure française, Rat.

LE RAT
ET SON COMPAGNON
DE ROUTE

LE RAT/RAT

Attention, cet animal ne pourra être que maître ou esclave. Maître en l'art de la ruse et de la prudence, instigateur de complots, marionnettiste tirant les ficelles dans l'ombre des coulisses politiques ou bien encore grand militaire, empereur de la stratégie. A moins que ce Rat/Rat ne devienne dès sa plus tendre enfance un individualiste forcené, rejetant dogmes et principes, contraintes et bienséances, avec l'agressivité propre à ce rongeur en quête perpétuelle de nourriture et de logis. Ou encore, deuxième version : esclave. Là, il s'exposera à être en permanente contradiction avec lui-même, ayant choisi la servitude, devenant « rat domestique » et s'il y gagne en apparence (gîte et couvert) ce sera toujours au détriment de son instinct d'indépendance et de retranchement. Adieu la soif d'envoûter, de fasciner, ce Rat/Rat ne fera désormais plus peur à personne... Sinon à lui-même !

LE RAT/BUFFLE

Voici un exemple merveilleux du pseudo ange-gardien que représente le Compagnon. L'agressif Rat se retrouve tempéré par la force tranquille du Buffle. Le Rat creuse en profondeur, le Buffle en surface. Tous deux créateurs, ce sera parfois à coups de cornes que le Buffle fera sortir le Rat de ses souterrains, le bousculant dans ses retranchements qui tournent parfois à un laissez-faire. Amoureux de la liberté, il ne s'engagera guère sur des voies de garage. L'un symbolise l'agitation perpétuelle, l'autre la lenteur, l'un rêve de terres vierges, l'autre, d'univers impénétrables. Le Rat/Buffle sera réaliste, prudent et saura organiser ses conquêtes.

LE RAT/TIGRE

Un rongeur doublé d'un carnassier, le voyage ne sera pas des plus paisibles. Comptez sur le Tigre, il vous empêchera de vous endormir sur vos lauriers. C'est un veilleur exceptionnel. La chasse étant son domaine, la jungle son univers, la route pourra être jonchée de pièges, rien n'échappera à sa vigilance. Toutefois n'oubliez pas que le Tigre est un grand seigneur, il aura tendance à vouloir passer le premier. Empruntant vos territoires, il se les appropriera et votre côté Rat individualiste y répondra par de violentes révoltes, d'où un risque de tiraillement interne. Pourtant il ne faut point désespérer. Le Tigre est aussi symbole de tempérance, c'est un excellent guide dans tous les sens du terme et le Rat, quelquefois usurpateur, y gagnera en tolérance et loyauté.

LE RAT/CHAT

Fera le moins que l'on puisse dire un curieux mélange. Ennemis héréditaires « condamnés » à parcourir le même chemin ? Détrompez-vous, cela sera peut-être le meilleur moyen d'accomplir le voyage. Inquiet Rat doublé d'un Chat éternellement à l'affût, vous ne vous laisserez pas facilement berner. Méfiant, à la fois souple et agressif, vous serez prêt à tout pour préserver votre confort et vos acquis, afin de vous protéger des prédateurs. En outre l'influence du Chat vous rendra moins vulnérable aux accès de passion. Calme et efficace, la Rat/Chat illustre à merveille cette petite phrase « il vaut mieux avoir un ennemi intelligent qu'un ami bête... ».

LE RAT/DRAGON

A de la chance. Le Dragon étant un excellent compagnon, le voyage sera féérique pour cet être en profond accord avec lui-même. Quittant ses profonds souterrains, le Rat chevauchera son compagnon à écailles, empruntant la voie lactée, le museau dans les étoiles. Attention ! Si vous vous laissez envoûter par le Dragon qui vous habite, vous y laisserez des poils... Vous l'adulez, il vous aime bien. Il vous rassure, mais il finit par décider à votre place. Il a des colères terribles, vous vous retranchez. Il faudra savoir utiliser sa chance. Imaginez, un voyage aquatique et céleste, terrestre et souterrain... Seulement n'oubliez pas qu'il est aussi quelquefois celui qu'il faudra combattre pour vaincre, et c'est un gardien féroce.

Voilà un compagnon de taille pour un Rat maître des forces « d'en bas »...

LE RAT/SERPENT

Ils sont frères, mais ils se combattent sans merci. Leur territoire est le même, mais ils l'ont gagné à coups de morsures et de griffes, de venin et de ruses. Ces deux voyageurs sont maîtres dans l'art de l'attaque, par ailleurs ce sont des intuitifs, envoûteurs professionnels, à coups « d'hypnose mutuelle », vous risquez de vous endormir réciproquement... Hélas dans cette situation, le Rat ne peut inverser les rôles.

Le Serpent ne se prêtera point à ce petit jeu. Pour un Rat, le Serpent-compagnon restera toujours le mystérieux ophidien lové sous la pierre, l'entraînant parfois dans de périlleux labyrinthes.

LE RAT/CHEVAL

Ou l'alternance de la fougue et de la prudence. Le Rat/Cheval fera un voyage souvent tumultueux. Que de luttes en perspective ! Il sera difficile de tempérer l'ardeur du Cheval galopant en plein soleil, alors que le Rat inquiet et prudent creusera ses sous-sols.

Le Rat mal aimé devra emprunter des sentiers tortueux et sombres afin d'accéder à la lumière, le Cheval, lui, ne supportera pas de galoper dans l'ombre. Il lui faudra la voie royale, lumineuse, il recherchera la foule et le succès. Pauvre Rat !

Il lui faudra pourtant chevaucher ce destrier et le reconnaître pour guide. A défaut de la maîtrise du chaman (sorcier) le Rat pourra toujours découvrir les joies de l'équitation...

LE RAT/CHÈVRE

Un excellent Compagnon pour le Rat. Très différent de lui, d'une nature gaie et insouciante, artiste intuitif et fin, ce sera une prodigieuse thérapeutique pour le rongeur mal aimé et angoissé qu'est le Rat. De plus, le Compagnon Chèvre apprécie l'envoûtement et la fascination et dans ce domaine, avec le Rat, il ne s'ennuiera point.

Tous deux auront tendance à flotter dans un monde d'illusions, mais puisqu'ils y trouveront leur compte, qu'importe qu'ils y fassent figure d'aveugles et de sourds, chez ces deux voyageurs, c'est parfois une technique...

LE RAT/SINGE

Avant d'entamer le voyage, préparez une pharmacie consistante en cas d'urgence. En effet cela risque de tenir de la course folle, plus que de la promenade agréable. Ces deux Compagnons se rendront « œil pour œil, dent pour dent ». Le Singe n'aura qu'une idée en tête, dévorer le malheureux petit rongeur. Le Rat, lui, emploiera toutes ses ruses, y compris les plus perverses afin de faire tomber son compagnon dans pièges et trappes physiques et morales, voire spirituelles, tout lui sera bon...

Ces deux étranges Compagnons de route n'useront point de tendresse, ne s'accordant point de répit. La route se transformera en véritable ring, tous les coups étant permis... Que le meilleur gagne !

LE RAT/COQ

Le Coq annonçant le lever du soleil, et le Rat s'appliquant aux activités nocturnes, ces deux compagnons n'auront guère le temps de se laisser gagner par le « sommeil ». Bien que leur entente puisse paraître impossible, cette impossibilité semble être un complément, pour ces deux voyageurs hétéroclites. Le Coq se perchera, le Rat s'enfoncera dans le sol ; tous deux de nature vive, l'un symbole solaire, l'autre élément de la nuit, ils se renforceront mutuellement. Le Rat apportera son univers de profondeurs sur un plateau doré au Coq ébourriffant ses plumes, dressé sur ses ergots dans l'attente du chant de l'aube, véritable offrande quotidienne sur laquelle le Rat ferait bien de méditer.

Maître Rat prenant souvent mais n'offrant guère, ce Coq généreux lui sera bénéfique, s'il sait en prendre de la graine...

LE RAT/CHIEN

Ou le Compagnon idéal pour le Rat. Le Chien est le guide des âmes au cours des « voyages ». Il est aussi le gardien de l'au-delà. Tout comme le rongeur, il évolue entre souterrain et monde invisible. C'est par ailleurs un Compagnon fidèle et mystérieux, un peu pessimiste il est vrai, car, symboliquement, il est souvent associé à l'idée de la mort, comme le Rat. Il est ce Compagnon dont on ne désire pas forcément la présence.

Peut-être que le Rat cherchera un jour à tuer le Chien qui est en lui ? Gardien des portes, en le combattant, il franchira le passage. Le Compagnon est quelquefois une victime qu'il vous faudra sacrifier au cours du voyage...

LE RAT/SANGLIER

Cultivera avec ardeur l'art de la solitude. N'empruntant point les routes bien tracées, il préférera les sentiers touffus, l'odeur d'humus et la nuit bleue. Toutefois, un Rat/Sanglier fera un parfait matérialiste, accumulateur, profiteur, il saura amasser et faire fructifier, aussi bien l'argent que le fruit de ses recherches.

Le Rat/Sanglier sera blanc ou noir. Il ne connaîtra pas les demi-teintes, pour lui rien ne sera demi-mesure. Sa route sera jonchée d'étapes qu'il franchira dans l'excès. Ne pas compter sur ses scrupules, il ignorera la signification de ce mot.

Attention ! Le Sanglier est un crédule, et cette curiosité additionnée à la curiosité du Rat, rendra certains pièges fatals. Alors, Rat/Sanglier, faites vos provisions, avant le départ, de gruyère et de glands...

3e partie :

LE RAT ET LES CINQ ÉLÉMENTS

臂脾脛足指各自異處、飛鳥走獸競來食之、天龍鬼神帝王人

滅身冷、風先火次、魂靈去矣身體侹直無所復知、旬日之間肉

VOTRE ÉLÉMENT

L'astrologie chinoise comporte cinq éléments qui se rattachent aux années, aux heures de naissance et aux signes animaux. Ces éléments sont les suivants : l'Eau, le Bois, le Feu, la Terre, le Métal. Leur ordre de succession est en fait un ordre de production : l'Eau engendre le Bois, le Bois engendre le Feu, le Feu engendre la Terre, la Terre engendre le Métal, le Métal engendre l'Eau, etc.

Ces cinq éléments sont des forces essentielles agissant sur l'univers et sont partie intégrante de tout horoscope chinois.

Tout d'abord, il y a des éléments « fixes » qui sont reliés à chaque signe et à chaque heure chinoise, et ne changent pas :

Heures	Signe	Élément	Heures	Signe	Élément
23 h/1 h	Rat	Eau	11 h/13 h	Cheval	Feu
1 h/3 h	Buffle	Eau	13 h/15 h	Chèvre	Feu
3 h/5 h	Tigre	Bois	15 h/17 h	Singe	Métal
5 h/7 h	Chat	Bois	17 h/19 h	Coq	Métal
7 h/9 h	Dragon	Bois	19 h/21 h	Chien	Métal
9 h/11 h	Serpent	Feu	21 h/23 h	Sanglier	Eau

Chacun de ces cinq Éléments a une signification propre qui va venir colorer différemment votre signe animal.

L'**Eau** est synonyme de froideur et d'intériorité plus que de fertilité : c'est une eau dormante, et sa surface protège tous les mystères.

Le **Bois** est synonyme de douceur, d'équilibre et d'harmonie, de créativité et d'imagination.

Le **Feu** est synonyme de chaleur, de passion, de vitalité et d'enthousiasme. Il brûle, éclaire et transforme, dans tous les sens du terme. Mais il peut être Feu intérieur ou extérieur...

La **Terre** est synonyme de matérialité, de solidité, de sécurité et de fertilité.

Le **Métal** est synonyme de coupure : c'est la volonté qui tranche, la rigueur, la lucidité.

ASTROLOGIE CHINOISE OU VIETNAMIENNE

La différence existant sur le plan astrologique entre tradition chinoise et tradition vietnamienne conduit à certaines contradictions, en particulier sur le plan de la détermination des éléments et des calendriers.

Nous indiquons dans ces ouvrages la théorie de « l'élément constitutif » où celui-ci change tous les deux ans.

En ce qui concerne les calendriers, les dates limites des signes sont celles du début et de la fin de l'année lunaire. Mais nous signalons aux lecteurs que selon la tradition chinoise, le calendrier astrologique est un calendrier solaire différent du calendrier lunaire, et que le début de chaque année astrologique se situe systématiquement le 4 ou le 5 février de celle-ci, au moment du printemps chinois.

Certains d'entre vous se trouveront donc « changer de signe » suivant qu'ils choisiront de respecter l'un ou l'autre de ces calendriers. A eux de juger lequel leur convient le mieux...

Enfin, il y a l'« Élément de destinée » ou « Élément constitutif » qui change suivant les années de naissance. Chaque élément couvre deux années et revient donc tous les dix ans ; tous les 60 ans se reproduit la même combinaison Signe + Élément, dont le meilleur exemple est la fameuse année « du cheval de Feu » : 1906, 1966, 2016, etc.

Connaître l'Élément de votre année de naissance est simple, il suffit de vous reporter au calendrier suivant :

CALENDRIER

Agent	*Calendrier*	*Année du / de la*
MÉTAL	31-1-1900 au 18-2-1901	RAT
MÉTAL	19-2-1901 au 7-2-1902	BUFFLE
EAU	8-2-1902 au 28-1-1903	TIGRE
EAU	29-1-1903 au 15-2-1904	CHAT
BOIS	16-2-1904 au 3-2-1905	DRAGON
BOIS	4-2-1905 au 24-1-1906	SERPENT
FEU	25-1-1906 au 13-2-1907	CHEVAL
FEU	13-2-1907 au 1-2-1908	CHÈVRE
TERRE	2-2-1908 au 21-1-1909	SINGE
TERRE	22-1-1909 au 9-2-1910	COQ
MÉTAL	10-2-1910 au 29-1-1911	CHIEN
MÉTAL	30-1-1911 au 17-2-1912	SANGLIER
EAU	18-2-1912 au 5-2-1913	RAT
EAU	6-2-1913 au 25-1-1914	BUFFLE
BOIS	26-1-1914 au 13-2-1915	TIGRE
BOIS	14-2-1915 au 2-2-1916	CHAT
FEU	3-2-1916 au 22-1-1917	DRAGON
FEU	23-1-1917 au 10-2-1918	SERPENT
TERRE	11-2-1918 au 31-1-1919	CHEVAL
TERRE	1-2-1919 au 19-2-1920	CHÈVRE
MÉTAL	20-2-1920 au 7-2-1921	SINGE
MÉTAL	8-2-1921 au 27-1-1922	COQ
EAU	28-1-1922 au 15-2-1923	CHIEN
EAU	16-2-1923 au 4-2-1924	SANGLIER
BOIS	5-2-1924 au 24-1-1925	RAT
BOIS	25-1-1925 au 12-2-1926	BUFFLE
FEU	13-2-1926 au 1-2-1927	TIGRE
FEU	2-2-1927 au 22-1-1928	CHAT
TERRE	23-1-1928 au 9-2-1929	DRAGON
TERRE	10-2-1929 au 29-1-1930	SERPENT
MÉTAL	30-1-1930 au 16-2-1931	CHEVAL
MÉTAL	17-2-1931 au 5-2-1932	CHÈVRE
EAU	6-2-1932 au 25-1-1933	SINGE
EAU	26-1-1933 au 13-2-1934	COQ
BOIS	14-2-1934 au 3-2-1935	CHIEN
BOIS	4-2-1935 au 23-1-1936	SANGLIER
FEU	24-1-1936 au 10-2-1937	RAT
FEU	11-2-1937 au 30-1-1938	BUFFLE
TERRE	31-1-1938 au 18-2-1939	TIGRE
TERRE	19-2-1939 au 7-2-1940	CHAT
MÉTAL	8-2-1940 au 26-1-1941	DRAGON
MÉTAL	27-1-1941 au 14-2-1942	SERPENT

Agent	*Calendrier*	*Année du / de la*
EAU	15-2-1942 au 4-2-1943	CHEVAL
EAU	5-2-1943 au 24-1-1944	CHÈVRE
BOIS	25-1-1944 au 12-2-1945	SINGE
BOIS	13-2-1945 au 1-2-1946	COQ
FEU	2-2-1946 au 21-1-1947	CHIEN
FEU	22-1-1947 au 9-2-1948	SANGLIER
TERRE	10-2-1948 au 28-1-1949	RAT
TERRE	29-1-1949 au 16-2-1950	BUFFLE
MÉTAL	17-2-1950 au 5-2-1951	TIGRE
MÉTAL	6-2-1951 au 26-1-1952	CHAT
EAU	27-1-1952 au 13-2-1953	DRAGON
EAU	14-2-1953 au 2-2-1954	SERPENT
BOIS	3-2-1954 au 23-1-1955	CHEVAL
BOIS	24-1-1955 au 11-2-1956	CHÈVRE
FEU	12-2-1956 au 30-1-1957	SINGE
FEU	31-1-1957 au 15-2-1958	COQ
TERRE	16-2-1958 au 7-2-1959	CHIEN
TERRE	8-2-1959 au 27-1-1960	SANGLIER
MÉTAL	28-1-1960 au 14-2-1961	RAT
MÉTAL	15-2-1961 au 4-2-1962	BUFFLE
EAU	5-2-1962 au 24-1-1963	TIGRE
EAU	25-1-1963 au 12-2-1964	CHAT
BOIS	13-2-1964 au 1-2-1965	DRAGON
BOIS	2-2-1965 au 20-1-1966	SERPENT
FEU	21-1-1966 au 8-2-1967	CHEVAL
FEU	9-2-1967 au 28-1-1968	CHÈVRE
TERRE	29-1-1968 au 16-2-1969	SINGE
TERRE	17-2-1969 au 5-2-1970	COQ
MÉTAL	6-2-1970 au 26-1-1971	CHIEN
MÉTAL	27-1-1971 au 14-2-1972	SANGLIER
EAU	15-2-1972 au 2-2-1973	RAT
EAU	3-2-1973 au 22-1-1974	BUFFLE
BOIS	23-1-1974 au 10-2-1975	TIGRE
BOIS	11-2-1975 au 30-1-1976	CHAT
FEU	31-1-1976 au 17-2-1977	DRAGON
FEU	18-2-1977 au 6-2-1978	SERPENT
TERRE	7-2-1978 au 27-1-1979	CHEVAL
TERRE	28-1-1979 au 15-2-1980	CHÈVRE
MÉTAL	16-2-1980 au 4-2-1981	SINGE
MÉTAL	5-2-1981 au 24-1-1982	COQ
EAU	25-1-1982 au 12-2-1983	CHIEN
EAU	13-2-1983 au 1-2-1984	SANGLIER
BOIS	20-1-1984 au 8-2-1985	RAT
BOIS	9-2-1985 au 28-1-1986	BUFFLE
FEU	21-1-1986 au 16-2-1987	TIGRE
FEU	17-2-1987 au 5-2-1988	CHAT
TERRE	6-2-1988 au 26-1-1989	DRAGON

LE RAT/TERRE

Le zénith humide s'écoula lentement du ciel afin d'engendrer la Terre.

La tendance Terre

Terre de l'après-midi, terre humide et chaude de l'été. Élément rêvé pour un Rat, Terre, symbole du nid douillet, du confort et de l'abondance, terre des transformations lentes et souterraines, sourdes, se répandant jusqu'à l'infiltration, l'inondation, le pourrissement et la moisissure. Le Rat/Terre aura tendance à se tourner vers la méditation, la contemplation, ce qui ne lui est guère propice, car il lui faut de l'action et des sorties en surface. Sinon, maître Rat, par trop de lenteur et de prudence, risquera l'asphyxie.

La santé Rat/Terre

L'organe Terre est la rate, son goût est le doux. Le Rat/Terre aura tendance à l'embonpoint, à la neurasthénie, faites du sport, surveillez votre alimentation.

Le Rat/Terre et les autres

Le Rat/Terre est souvent un matérialiste, prudent jusqu'à l'égoïsme. Symbole de réalisme, de fécondation laborieuse, il est également rusé, homme d'affaires ou financier subtil. En famille il aura le sens du clan et une fâcheuse tendance au despotisme. Madame Rat sera le portrait robot de la mère envahissante...

Le physique Rat/Terre

De nature solide, « il a le teint jaune, des traits lourds, possède des sourcils fournis, un dos arrondi et un ventre plat ». Il est symbole de la tortue-terre. Avançant lentement, prudemment, mais sûrement. De l'activité et de l'air pur lui sont particulièrement nécessaires.

Des conseils pour un Rat/Terre

Sortez le plus souvent possible, ne vous enfermez pas dans vos multiples retraites, en prétextant méditation et contemplation. Il vous faut de l'activité, une pointe d'agressivité : côté séduction, les « sages » ne déchaînent guère les passions dont vous êtes si friand. Du nerf, de la guerre ou de la création, n'hésitez pas à trancher, tailler dans le vif, allez de l'avant. Il faut croire à votre bon sens et cultiver votre instinct. A vous blottir douillettement au plus profond de la terre chaude, vous risquez d'être fait... comme un rat.

Une année Rat/Terre

Point culminant : l'été.

Le Rat/Terre sera bien « loti », été ou période d'abondance, la nourriture ne sera plus une quête. Libéré des contingences matérielles, il se devra de se donner aux autres, ne pas s'enfermer dans un confort gangrénant et auto-destructeur.

Tendance de l'année...

Création et production, savoir recevoir sans oublier de donner !

Exemple historique d'une année Rat/Terre

1648

Épuisée par une guerre interminable et des impôts de plus en plus écrasants, la capitale est en effervescence. Au Parlement de Paris, Omer Talon, champion de la bourgeoisie naissante, ose apostropher le jeune Louis XIV en ces termes :

« – Vous êtes, Sire, notre souverain Seigneur. La puissance de Votre Majesté vient d'en Haut, laquelle ne doit compte de ses actions, après Dieu, qu'à sa conscience. Mais il importe à sa gloire que nous soyons des hommes libres et non pas des esclaves. Il y a, Sire, dix ans que la campagne est ruinée, les paysans réduits à coucher sur la paille, leurs meubles vendus pour le paiement des impositions auxquelles ils ne peuvent satisfaire. La gloire des provinces conquises ne peut nourrir ceux qui n'ont point de pain, lesquels ne peuvent compter les palmes et les lauriers entre les fruits ordinaires de la terre ! »

L'épreuve de force est engagée entre la France – peuple, Parlement, Grands du royaume – et le cardinal de Mazarin, qui gouverne sans partage l'esprit d'un roi mineur et le cœur d'une reine isolée – Anne d'Autriche. Toute la ruse et l'habileté politique du grand ministre n'y pourront rien. Pas même ses triomphes diplomatiques, notamment ce traité de Westphalie, qui concrétise l'hégémonie de la France en Europe.

Sombre année pour les trônes : en Angleterre, Charles Ier Stuart va perdre sa couronne et sa tête.

LE RAT/EAU

Au Nord, dans le ciel, naquit le froid. Descendant sur la terre, il engendra l'Eau. L'Eau pour la Chine est plus synonyme de froideur et de glace, que source de fertilité.

La tendance Rat/Eau

Eau des nuits d'hiver, froideur, rigueur et sévérité, eau calme et profonde engendrant crainte et respect, eau dormante abritant des démons sous-marins qui sommeillent. Eau fétide et boueuse des marais, refuge des rampants. Le Rat/Eau devra se méfier de cette eau qui dort, il y retrouve ses composantes, sa saison, sa nuit et sa froideur. Pour le rongeur cet élément peut devenir un frein, un marécage dans lequel s'enliseraient idées et passions. Encore un piège doré pour le Rat : il y sera à l'abri, mais au prix de sa liberté.

La santé Rat/Eau

L'organe Eau est le rein. Son goût est le salé... des larmes si le Rat/Eau « marine » trop longtemps entre souterrains et étangs. Attention aux blocages rénaux et autres, l'eau doit circuler librement, sans retenue...

Le Rat/Eau et les autres

L'homme marqué par l'Eau sait écouter, c'est un calme, un placide, il gouvernera facilement les masses, sachant contenir les passions, évitant les effusions. Ce sera un être sans histoire, un bon artisan, un commerçant prudent, défenseur de la paix, humaniste convaincu et déterminé. L'Eau apaise les pulsions agressives du Rat, le rend plus humain et moins anxieux.

Des conseils pour un Rat/Eau

Sortez de votre réserve, faites fondre la glace qui vous enveloppe et vous protège. Brisez votre masque, laissez surgir vos démons intérieurs, trop de passivité engendre l'envahissement, la stérilité et la mort lente.

Une année Rat/Eau

Le point culminant pour une année Rat/Eau sera la saison d'Hiver, période de gestation. Le Yin renforce le Yin et le Rat Nord restera au Nord lié à l'eau.

Vous aurez tendance à « patauger ». Profitez de cette année pour laisser mûrir les idées, laissez le temps faire les choses sans pour autant attendre le pourrissement par infiltration.

Tendance de l'année...

Une année qui peut être excellente pour les femmes. Créations, projets de lois, changement, mais risque d'avortement en cas de précipitation. La réflexion devra dominer l'impulsion.

Exemple historique d'une année Rat/Eau

1792

Depuis sa fuite manquée de Varennes, Louis XVI est quasiment prisonnier dans son palais des Tuileries. On ne pardonne à « Monsieur Veto » ni sa piteuse escapade, ni son refus obstiné de signer les nouvelles lois sur le clergé et la confiscation des biens de l'Église. Marie-Antoinette pleure sans cesse. Tous les amis ont émigré. Les ennemis du roi sont partout. A qui se fier ? Vers qui se tourner ? Un seul espoir, mais bien hypothétique, et à quel prix : l'intervention des armées étrangères, des monarques coalisés pour sauver leur parent des griffes de « l'hydre révolutionnaire ». L'effondrement du trône de France ne sonnerait-il pas le glas de tous les trônes d'Occident ? Mais la coalition est loin.

Le 20 juin, la foule parisienne, ivre de misère, fait irruption aux Tuileries. Louis XVI reçoit les émeutiers ; il coiffe le bonnet rouge, trinque avec des forgerons et des charretiers. La populace se retire : ce n'était qu'une répétition générale. La fureur explose quelques semaines plus tard, quand les Prussiens menacent de raser la capitale « si on ose toucher à un cheveu de la tête du roi ». Cette fois, plus de ménagements. Le 10 août, on pointe les canons sur le palais. Pour sa part, le roi interdit à ses gardes suisses de tirer : ils se feront exterminer sur place. Et le souverain se réfugie, avec sa famille, au sein de l'Assemblée qui vote la déchéance, proclame la République et instruit le procès de « Louis Capet », qu'on enferme au Temple. Dans les prisons, on massacre les « ennemis du peuple » – un bain de sang.

Pourtant, la situation militaire se dégrade, les Prussiens déferlent sur l'est de la France et s'approchent de Paris. La patrie est en danger, les volontaires affluent, on chante la *Marseillaise*. « De l'audace ! » rugit Danton, qui électrise les énergies, mais achète également, fort discrètement et, à millions, le départ des alliés – d'où la glorieuse mêlée de

Valmy, où les braves sans-culottes n'ont pas trop de mal à convaincre l'envahisseur d'évacuer le champ de bataille.

Dans les fumées de Valmy s'évanouit l'ultime espoir de la famille royale, vouée désormais au supplice.

LE RAT/BOIS

A l'Est, dans le ciel souffla le vent et, de sa tiède caresse à la terre, naquit le Bois.

La tendance Rat/Bois

Le Bois est un Agent d'équilibre pour le Rat. Le Bois est du matin, du printemps, d'une nature tempérée, amoureux de l'harmonie, de la beauté et de l'élégance. En tant qu'Élément du Rat, venant du nord et appartenant au solstice d'hiver, il lui apporte la douceur qui caractérise sa saison, mais aussi la force créative. C'est au printemps que la nature renaît, après avoir germé dans le sol, symbole du rongeur. Le Bois qui tend ses branches vers le ciel, vers

l'harmonie, tout en plongeant ses racines tentacules dans le ventre de la terre mère, ne peut être qu'un facteur d'équilibre pour le Rat. Mais le Bois est aussi un passionné, il a une fâcheuse tendance à se perdre, se détruire. Il est également susceptible, excessif, sans pour cela quitter son attitude digne... Il apportera du « Bois » au moulin de notre Rat ! Car ce dernier n'est pas en reste, côté agressivité, colères, bouderies interminables, et passions redoutables.

La santé Rat/Bois

L'organe Bois est le foie, son goût est l'acide. Le Rat étant un inquiet, un angoissé « se faisant de la bile », il devra particulièrement surveiller son foie, et ne pas faire d'excès de boisson.

Le Rat/Bois et les autres

Sa tendance est à la détente, il lui est favorable d'adopter un style décontracté, dans toutes ses entreprises. Face aux structures établies, il lui faut improviser, laisser libre cours à son imagination, à son esprit inventif et créateur. Le Rat/Bois peut être un poète, un peintre, ou bien un agriculteur, alliant ainsi la liberté et l'espace, le ciel et la terre... et le vent dont il est le fils.

Le physique Rat/Bois

Il est le plus souvent de haute taille, fin et droit, possédant de très jolis yeux, un teint foncé, un système pileux développé (courant chez un Rat...), des lèvres rouges, une peau douce et de fines extrémités. De quoi rêver pour un séducteur né. Quel que soit l'animal à conquérir, vous avez toutes les chances.

Des conseils pour un Rat/Bois

Vous possédez un beau physique, vous êtes passionné, vous vous sentez parfois prêt à transformer l'organisation collective des hommes. Libertaire peut-être ? La politique, la scène, les arts n'attendent que vous. Alors quittez vos galeries souterraines, sortez de votre trou, décontracté, détendu...

Une année Rat/Bois

Le point culminant pour une année Rat/Bois sera la saison du printemps, période d'accroissement et de prospérité. Le Rat sortira de l'hiver quittant le Nord pour se rendre à l'Est. Son aspect Yin tendra vers le dynamisme du Yang. Profitez de cette saison pour entreprendre et créer. Soyez souple dans tous les sens du terme, sachez vous adapter, ce sera votre meilleur atout.

Tendance de l'année...

Diplomatie et souplesse. Développement sur le plan de l'agriculture et de l'élevage. Année favorable pour les relations internationales. Mais une attitude « égoïste » ne tarderait pas à se traduire par des désastres, et un certain climat d'anarchie.

Exemple historique d'une année Rat/Bois

1804

« En ce temps-là, dira Musset, un seul homme respirait en Europe, et le reste du monde était suspendu à son souffle... » En moins de huit ans, l'obscur petit officier corse au sourire mélancolique et au regard brûlant est devenu successivement général prestigieux, conquérant d'Italie et d'Égypte, Premier Consul, arbitre de la paix en Europe, réformateur des lois, pacificateur et idole de la nation. Des flatteurs affirment « qu'il fait pâlir l'Histoire ». En chaire, l'évêque de Sens va même jusqu'à proclamer : « Dieu fit Bonaparte et se reposa ! » A quoi le comte de Narbonne, émigré facétieux, réplique : « Il eût mieux fait de se reposer un peu plus tôt ! »

Un pas reste à franchir. Et c'est ainsi que le 18 mai, le Sénat invite solennellement le Premier Consul « à rendre son ouvrage immortel comme sa gloire », en acceptant le titre héréditaire d'Empereur des Français et en fondant la quatrième dynastie. Voici donc achevé l'édifice de la dictature à la fois la plus inextricable et la plus fragile – parce que la plus intelligente et ouverte aux talents de tous horizons.

Pour la cérémonie du sacre et le couronnement de Joséphine, son « petit oiseau des îles », Napoléon fait venir le souverain pontife en personne. Le matin du 2 décembre, juste avant d'entrer à Notre-Dame, tandis que les cloches de la capitale carillonnent à toute volée, l'Empereur se penche vers son frère Joseph et lui chuchote à l'oreille : « Joseph, si notre père nous voyait !... »

Pendant ce temps, au fin fond de la Russie, Louis XVIII proteste en vain à la face de la chrétienté contre « l'usurpation de son trône et le geste inique du pape ». Mais le monde n'a d'yeux et d'oreilles que pour le soldat de fortune, le prestidigitateur botté qui change les républiques en empires, et les anciens garnements d'Ajaccio en Altesses impériales.

Rat/Métal :
le sens de l'ordre et du commandement.

LE RAT/MÉTAL

Venant d'Ouest, dans le ciel, la sécheresse effleura la peau de la terre et engendra le Métal. Vents venus des steppes lointaines à la recherche de la sève vitale.

La tendance Rat/Métal

Le Métal est du soir, de l'automne et du froid. Il symbolise la clarté, la pureté et la fermeté. Le Rat/Métal est celui qui tranche et qui coupe, son tempérament est rigide, chaste, ses propos acérés, il oscille entre beauté et destruction. Par ailleurs il a le sens des réalisations. Pour les moissons il est le fer qui glane. Hélas trop de rigueur engendre tristesse et morosité. A la recherche perpétuelle de nourriture, d'équilibre et de cimes mystiques, le Rat/Métal sera souvent déchiré et cherchera refuge dans la solitude, fuyant la collectivité qui l'oppresse.

La santé Rat/Métal

L'organe Métal est le poumon, son goût est l'âcre. Le Rat/Métal doit chercher l'air pur, contrôler son souffle. Par ailleurs son désir de s'élever spirituellement passe par une libre circulation de l'air dans ses poumons et dans son corps, assez proche de celle du Rat/Eau. Évitez les blocages et la sécheresse du corps et du cœur...

Le Rat/Métal et les autres

Le Rat/Métal est un homme énergique, constant, de parole. Il peut être celui qui porte le fer, la guerre, ou bien l'homme de loi, juriste, avocat. Alors il décide, sanctionne, ordonne, juge et tranche. Il a le sens de l'organisation. Un peu trop carré, il a tendance à manquer de nuances et de doigté dans certaines situations. Attention, à trop trancher vous risquez l'amputation de quelque chose en vous...

l'âme peut-être ? Vous manquez de souplesse et de chaleur, arrondissez vos architectures, évadez-vous parfois, prenez l'air, vous en avez besoin.

Des Conseils pour un Rat/Métal

Détendez-vous, vous avez la nuque trop raide, découvrez la fantaisie et le rêve. A trop disséquer, vous finiriez par vous glisser la tête dans votre propre piège.

Une année Rat/Métal

Le point culminant pour une année Rat/Métal sera la saison de l'Automne, attention à l'auto-destruction.

Le Rat de l'hiver quittera le Nord pour l'Ouest, sa tendance Yin sera renforcée par le Yin de l'automne, ce qui risque de se traduire par une perte de vitesse de l'énergie et du dynamisme. Danger de régression.

Tendance de l'année...

Période de sécheresse, de durcissement, période propice à un régime dictatorial favorisant un état militaire.

Exemple historique d'une année Rat/Métal

1900

La Belle Époque !

Les Français xénophobes qui aiment tant la France et, ne s'aiment pas les uns les autres, s'accordent une trêve politique pour admirer la féérie de l'Exposition universelle. Étrangers et provinciaux s'extasient devant « le bilan du siècle ». La première ligne du métropolitain est mise en service, on projette des bandes cinématographiques longues de deux cents mètres et l'Académie ouvre le dictionnaire au mot « automobile ».

La haute société parisienne brille de son plus vif éclat ; les modèles de Proust donnent des fêtes incomparables, tandis que le drapeau rouge de la Révolution et le drapeau noir de l'Anarchie sont brandis aux funérailles d'un vieil insurgé, Pierre Lavrof. L'illustre chansonnier Bruant est de droite, mais les refrains de Montéhus insultent l'armée. *L'Aiglon,* exalté par les nationalistes, porte au pinacle la gloire d'Edmond Rostand : « Demain, s'il le veut, il sera roi de France ! », écrit hardiment un de ses thuriféraires.

Pendant ce temps, le monde « civilisé » réprime durement la « révolte » nationaliste des Chinois et ravage Pékin, livrée au pillage. Jaurès est seul, ou presque, à s'en émouvoir : « L'expédition de Chine, proclame-t-il, semble rouvrir l'ère des luttes épiques de continent à continent. Rien ne démontre que l'Europe aura affaire seulement à la Chine : c'est peut-être l'Asie tout entière qui un jour s'ébranlera. »

En attendant, les Français qui élèvent l'épargne au rang d'une vertu cardinale, et se sentent invulnérables parce qu'on joue l'hymne russe avec *la Marseillaise*, prêtent gaillardement chaque année à des États étrangers deux milliards-or dont ils ne reverront à peu près rien.

La Belle Époque, en vérité.

(D'après Philippe Erlanger, *Clemenceau*, Librairie Académique Perrin.)

國舅謀誅宦竪

LE RAT/FEU

Au Sud, dans le ciel, naquit la chaleur, elle descendit sur terre et la féconda. De leur union naquit le Feu.

La tendance Rat/Feu

L'élément Feu est du midi, du Sud, de l'été, le Feu est Yang, c'est l'élément qui chauffe, brûle, transforme, bouleverse. Pour le Rat il pourra devenir Feu intérieur, flamme créatrice, force vive et rapide, mais il pourra représenter un grand danger, car il est celui qui dévore, qui consume, qui transmue. Son puissant pouvoir peut être destructeur. Allié au Rat, il peut être porteur de mort ou de lumière.

La santé Rat/Feu

L'organe Feu est le cœur, son goût est l'amer. Le Rat/Feu doit prendre garde aux changements de saisons. Par ailleurs la nature explosive et brûlante de ce rongeur doit l'inciter à se ménager et à ne pas galvauder son cœur, car monsieur ou madame Rat, comme tout un chacun, n'en a qu'un...

Le Rat/Feu et les autres

Le Feu est souvent synonyme de guerre. Il est lucide et clairvoyant. Mais aussi violent, irrascible, passionné : tous ces éléments, le Rat les possède en lui, et son Agent ne fera que les renforcer. Le Rat/Feu pourra devenir un homme d'action fougueux, un ardent lucide, un homme de guerre.

Le Feu apporte la brûlure, mais il apporte aussi la lumière, il purifie. Il est celui que la Terre ne nourrit pas, que l'Eau n'abreuve pas, que le Métal ne durcit pas. Le Rat/Feu pourra donc devenir guerrier, militaire... S'il devient artiste, il sera violemment anti-conformiste, oscillant entre lumière et ténèbre.

Le physique Rat/Feu

Le type Feu sera souvent un homme au teint coloré, virant au rouge, avec un visage large dans le bas, un nez busqué, des oreilles aux lobes détachés. Évidemment ce n'est pas l'idéal pour le Rat, tombeur professionnel, mais il possède un charme naturel... Si vous êtes dame Rat ne désespérez pas, le rouge brillera dans votre crinière ou sur vos lèvres, et votre tempérament consumera vos partenaires.

Des conseils pour un Rat/Feu

Vous serez attiré par les divinités chimériques, mais vous n'êtes pas « de bois », le Feu intérieur qui vous habite ne sera pas toujours d'ordre divin... Attention aux excès.

Une année Rat/Feu

Le point culminant pour une année Rat/Feu sera la saison d'été, période de création, d'élévation matérielle ou spirituelle, période active, mais tendant à être dévorante... Le Rat quittant le Nord pour se rendre au Sud, sortant de l'hiver, se réchauffant au soleil de l'été. Abandonnant son aspect Yin, tendant vers le « grand Yang », hyper dynamique.

Tendance de l'année...

Année favorable au développement culturel, mais danger d'une hyper-activité dans tous les domaines souvent synonyme d'un malaise général cherchant à se dissimuler dans un tourbillon parfois destructeur.

Exemple historique d'une année Rat/Feu

1936

Aux élections législatives du 26 avril et du 3 mai, les partis de gauche obtiennent 386 sièges, contre 212 seulement pour les modérés. La France a choisi le Front Populaire. Pour la première fois depuis le gouvernement révolutionnaire de 1848, la République prend un visage social, sinon tout à fait socialiste. Pour expliquer ce basculement : la crise économique, les revenus en baisse, les sept ou huit cents mille chômeurs, et la peur du fascisme, entretenue par les réfugiés qui affluent d'Allemagne et d'Italie.

Les communistes ne participent pas directement au gouvernement de Léon Blum, mais le soutiennent à l'Assemblée. « Nous avons fait entrer le communisme dans le cercle des doctrines avouables, écrit alors le Maréchal Pétain, nous aurons vraisemblablement l'occasion de le regretter... »

Le 8 juin, ce sont les accords Matignon : hausse des salaires pour tous, congés payés, semaine de quarante heures, conventions collectives. Dans les entreprises en grève et les usines occupées, on célèbre la victoire, c'est la fête...

L'été 1936, c'est le 14 juillet triomphant, le défilé de la Nation à la Bastille, l'Internationale et le poing levé, les drapeaux rouges et tricolores mêlés ; ce sont les premières escapades vers les plages et la mer qu'on découvre, les loisirs qu'on apprend, les randonnées à bicyclette autour de Paris – le tout sur un fond d'accordéon.

L'Espagne est, elle aussi, dans l'euphorie du Front Populaire. Mais à la mi-juillet éclate le coup d'État militaire. Franco envahit la péninsule. La guerre civile commence...

LES ASTRES

L'établissement d'un Thème astrologique chinois se base non seulement sur les signes emblématiques et les éléments, mais également sur les Astres. Ainsi, l'astrologue « place » dans le thème un certain nombre d'astres, dont certains sont fictifs, et de constellations. Au total, il y en a 110... Cela explique que nous ne puissions, dans ce livre, en faire le tour mais en voici quand même quelques-uns : Béatitude, Providence, Hercule, Minos, Pégase, Phénix, Castor, Pollux, Dédale, Aphrodite, Prométhée...

S'y ajoutent les planètes du système solaire dont les noms nous sont connus : Mercure, Vénus, Mars, Jupiter, Saturne, chacune des cinq en analogie symbolique avec l'un des cinq éléments (voir : tableau analogique des différents éléments).

TABLEAU ANALOGIQUE DES DIFFÉRENTS ÉLÉMENTS

ÉLÉMENTS	BOIS	FEU	TERRE	MÉTAL	EAU
ANNÉES SE TERMINANT PAR	4 et 5	6 et 7	8 et 9	0 et 1	2 et 3
COULEURS	Vert	Rouge	Jaune	Blanc	Bleu
SAISONS	Printemps	Été	Fin d'été	Automne	Hiver
CLIMATS	Vent	Chaleur	Humide	Sec	Froid
SAVEURS	Acide	Amer	Doux	Piquant	Salé
ORGANE PRINCIPAL	Foie	Cœur	Rate	Poumons	Reins
ORGANE SECONDAIRE	Vésicule	Intestin grêle	Estomac	Gros intestin	Vessie
ALIMENTS	Blé, volailles	Riz, mouton	Maïs, bœuf	Avoine, cheval	Pois, porc
PLANÈTE	Jupiter	Mars	Saturne	Vénus	Mercure

TABLEAU DE L'ENTENTE ENTRE LES ÉLÉMENTS

		Femme Bois	Femme feu	Femme Terre	Femme Métal	Femme Eau
○○○ excellent prospérité	**Homme Bois**	●●	○	○○○	○	○○
○○ bonne harmonisation compréhension	**Homme Feu**	○	○	○○	●	●●
○ nécessitant des efforts	**Homme Terre**	●●	○○	○○	○○○	●
● rivalités et problèmes de domination réciproque	**Homme Métal**	○	●●	●	●●	○○○
●● mésentente et incompréhension	**Homme Eau**	○○	●●	●	○○○	○

4e partie :

LE RAT DES QUATRE SAISONS

Si vous êtes né au printemps

RAT/BÉLIER

L'alliance avec le Bélier décuple l'agressivité du Rat tout en modérant son inquiétude innée. Au lieu de surveiller les différentes issues possibles de son souterrain, il fonce. S'il se cogne, ou démolit une paroi, il s'arrête, réfléchit, calcule sa trajectoire... Et repart. Il est efficace en diable, et sa devise pourrait bien être : « qui veut la fin veut les moyens ». Plutôt franc et direct pour un Rat, très sociable, mais ne brillant pas par la patience, il peut être délicieux à vivre, à condition de tenir le rythme car il n'arrête jamais Mesdames, attention : cela peut faire un merveilleux amant... Même si, après la fête, il oublie de vous téléphoner pendant quinze jours. Normal : il n'a pas la notion du temps.

Il faut lui laisser une liberté totale. Il est terriblement indépendant et déteste qu'on lui marche sur les pieds.

Avec lui, inutile d'épiloguer sur vos souvenirs d'enfance ou d'édifier des châteaux en Espagne : ce qui l'intéresse, c'est le présent. Il a besoin d'être occupé, voire débordé, en permanence, pour ne pas devenir malheureux et insupportable. Quelle vitalité !

RAT/TAUREAU

Seigneur, quel charme ! Ce Rat-là sait s'y prendre et, de la carmélire à la fille de joie, en passant par le Petit Chaperon Rouge et sa grand-mère, on ne voit pas qui saurait – et voudrait – résister à ce mélange ravageur de séduction fatale, « donjuanesque » et, de gentillesse apparemment bonhomme. Il sait très bien ce qu'il veut, et il en veut beaucoup, car il est avide de confort, de sécurité... Et d'amour. Assez tranquille, il ne s'agite que lorsqu'on vient déranger son plan d'action, perturber ses ambitions. Là, il devient franchement désagréable.

On a tout à gagner à le prendre par la douceur, à le laisser exercer son autorité, qui est bienveillante, à se mettre sous sa protection... Et à y rester. Car il déteste être dépossédé. C'est son cauchemar secret, sa hantise. Ces conditions rassemblées, c'est un être agréable à vivre, surtout en famille : il ne laissera personne manquer de rien. Lui en premier... Mais attention : ne jamais chercher à violer son intimité, à percer ses secrets. Cela viendra, un jour... Ce sera merveilleux, extraordinaire. Et bref. En fait il ne se livre que lorsqu'il le veut... Et dans une atmosphère très, très intime.

RAT / GÉMEAUX

Rat insaisissable. Attention : c'est un virtuose de cette « acrobatie-acrobatie » dont le but est de sauvegarder son indépendance et son autonomie. Lorsqu'il parle de lui-même, il devient un véritable kaléidoscope et personne ne s'y retrouve – pas même lui.

Sa tactique habituelle est la fuite en zigzags – celle qui entraîne l'ennemi dans les pièges les plus inattendus. Son arme favorite, l'écran de fumée, son oxygène, le brouillard.

En apparence, il est très sociable, se comporte avec une aisance remarquable, s'adapte de façon confondante aux situations les plus épineuses. Cela l'amuse, mais cela ne l'engage pas. Rien ne peut réfréner sa capricieuse recherche — qui est un avide besoin d'expérimentations diverses. Fasciné par un problème délicat, une énigme ou un mystère, il est capable d'oublier père et mère.

Infiniment curieux, doté d'une intelligence brillante, perspicace, il est de ceux qui ne savent pas résister à un quelconque sphinx de passage. Encore heureux s'il ne prend pas pour un sphinx le premier chat de gouttière étique qui vient rôder dans les ruelles de son imagination insatiable et féconde...

Si vous êtes né en été

RAT/CANCER

C'est un Rat de velours, de coin du feu, qu'on a envie de caresser. Il semble calme, tendre, affectueux... Attention ! sous ses abords paisibles, transparents, il est compliqué, secret. Il n'a pas son pareil pour se fabriquer un personnage factice, très bien ficelé d'ailleurs, dans le but unique de cacher à un monde jugé hostile les détours de son âme rêveuse, imaginative. Il a besoin, pour rester de velours, d'énormément de tendresse, d'attentions, de sécurité... Et ne supporte guère que de braves personnes bien intentionnées interviennent lorsqu'il fait une de ces crises d'indépendance qui sont chez lui cycliques : de temps en temps, il a besoin de faire une petite excursion au dehors. Ça lui fait un peu peur, il en frissonne d'aise.

Plus défensif qu'agressif, il est imprévisible, car on ne sait jamais exactement si l'on s'adresse à son personnage, ou à lui-même. Il dit tout le temps que personne ne le comprend. Et il a souvent raison. S'il semble être fier de ses différences, n'y croyez pas trop : en vérité cela le rend malheureux, car il est hyper-sensible, susceptible et a profondément besoin d'être apprécié.

Pourvu de facultés créatrices remarquables, détestant être embrigadé, il peut réussir... A son rythme, qui est tantôt très lent, tantôt d'une surprenante rapidité. Méfiez-vous du Rat qui dort...

Rat/Cancer : tendre et fragile. →

RAT/LION

C'est un Rat rugissant. Il n'est pas conseillé de lui barrer le chemin. Actif, rusé, entreprenant, sachant alterner à merveille charme et autorité, il aime être pris au sérieux et fait tout ce qu'il peut pour cela. Si l'on tombe entre ses pattes griffues, il n'est pas évident d'en sortir. Il semble invulnérable, redoutable. Au fond, il est en contradiction avec lui-même, aisément angoissé, car ce n'est pas facile de concilier son côté Rat tortueux avec son côté Lion superbe. Il est capable d'actions grandioses, pour des motifs

intéressés, voire mesquins, ou d'agissements compliqués et sournois, dans un but élevé. Cela peut le rendre imbattable sur n'importe quel terrain, mais cela ne contribue pas à son équilibre intérieur. Il a besoin d'action, de dépense physique et morale, de passion pour vivre. Ce n'est pas un Rat tiède, et ses ambitions ne seront jamais banales. Si sa vie l'est, ce sera tragique. Il va devenir Lion en cage, Lion aigri, revendicateur et agressif. N'oublions pas que le Rat est un des plus intelligents parmi les animaux. Et il est arrivé le premier lors de l'appel de Bouddha. Le Lion n'aime pas beaucoup être second, non plus. Le Rat-Lion, pour s'épanouir et ne pas rouiller, aura besoin, comme lubrifiant, de l'admiration de ses proches, et des autres. Adulé, suivi, estimé, il sera heureux – et généreux.

RAT/VIERGE

Rat discret. On lui donnerait le bon dieu sans confession, tant il semble organisé, soucieux de préserver la place de chaque chose. Il y a des points communs entre l'avidité du Rat et le besoin de sécurité de la Vierge. L'individu marqué par cette combinaison risque simplement de passer une bonne partie de sa vie à entasser des réserves, si importantes qu'il n'en viendra jamais à bout. Mais, même ainsi, il trouvera encore le moyen de contempler son souterrain rempli à ras-bord de victuailles emballées sous vide et soigneusement répertoriées, avec un zeste d'inquiétude. Et les prédateurs ? Pour les éliminer, il construit des pièges. Et les amis qui ont faim ? Ceux-là, c'est tout simple, on ne leur parlera pas des réserves. Quitte à en perdre le sommeil à force de culpabiliser. Et ceux qui parviennent, malgré tout, jusqu'au secret bunker-congélateur du Rat-Vierge ? Qu'ils n'essaient pas de voler une saucisse. C'est peut-être une de celles qui, en prévision de la chose, sont empoisonnées...

Inquiet, conservateur, nerveux comme ce n'est pas possible, le Rat/Vierge, en cas de pénurie, sera une providence pour sa famille, mais se transformera illico en serpent-cracheur à la moindre attaque venue de l'extérieur.

Autre point commun important entre ces deux signes : la sexualité. Réprimée mais violente chez la Vierge, intense chez le Rat, elle peut conduire à de curieuses alternances de pudibonderie et de débordements.

Si vous êtes né en automne

RAT/BALANCE

Voici le plus doux, le plus sucré, le moins agressif des Rats. Chaque fois que son esprit critique lui souffle une réplique virulente, il se retient, la rengaine, parfois même, O miracle ! il l'oublie, et dit, à la place, quelque chose de vaguement banal mais de très gentil, histoire de se faire pardonner ses mauvaises pensées. Il faut vraiment marcher très fort, avec des chaussures à clous, sur les pieds du Rat/ Balance, pour qu'il réagisse, en disant d'une voix aimable, « vous savez, cher ami, vous êtes sur mon pied... ». Le point commun de ces deux signes est l'avidité affective. Elle est intense dans les deux cas. Les « Balance » sont incapables de vivre seuls. Les Rats sont aimants mais exigeants. Si vous êtes une pauvre orpheline, un malheureux poulbot égaré et que vous rêvez de potages raffinés et chauds, d'intérieurs feutrés et de tendresse enveloppante... N'allez pas plus loin : vous avez trouvé votre idéal. A condition de ne pas vouloir, un jour, voyager ailleurs, là où l'herbe est plus verte. Cela finirait dans le sang ! Si votre Rat est très Balance, il est capable de se jeter du haut de la tour Eiffel. S'il est très Rat, il vous entraînera avec lui. Mais, lui, il aura un parachute.

RAT/SCORPION

Rat à prendre avec des pincettes et à ne pas approcher sans une bonne provision de sérum anti-venimeux. Il adore charmer, fasciner, séduire et, sur ce plan, il est inimitable. Il sera financier avec les financiers, artiste avec les artistes, clochard avec les clochards... Puis, suivant son désir le plus viscéral, qui est de surprendre et de déconcerter, il se transformera, sitôt dit sitôt fait, en Arsène Lupin, en sorcier ou en milliardaire à Rolls. Ce Rat Scorpion se sent, au fond de lui, tellement différent des autres, qu'il choisit souvent d'accentuer ses différences et de donner ainsi libre cours à son agressivité.

Rien ne lui échappe, c'est un radar ambulant, bien armé,

勝川春章画

en parfait état de marche. Pour un peu il émettrait des sifflements modulés comme R2D2 dans la « Guerre des Étoiles »... Mais il a un point faible. Il est passionné, sensible, toujours prêt à y croire, à ces fameuses étoiles... C'est un romantique, même s'il ne veut pas l'avouer. C'est aussi un fidèle – quand il trouve un être assez solide pour lui tenir tête. C'est aussi un remarquable critique. Il aurait intérêt à en faire une profession, plutôt que de l'exercer sur ses proches. C'est le plus lucide, le plus secret, le plus déroutant des Rats. Le plus riche aussi, peut-être : on n'en voit jamais le bout. Ses conseils sont toujours utiles, indispensables, même lorsqu'ils sont durs à encaisser.

← *Rat/Scorpion : très bien armé.*

RAT/SAGITTAIRE

Ce Rat sociable et dynamique est fait pour entraîner les foules. Il est doué pour les discours, les argumentations, n'a pas son pareil pour convaincre. D'ailleurs, en général, ses idées sont généreuses, honnêtes, concrètement réalisables. C'est un bâtisseur. Lui, son rôle, ce sera de poser la première pierre. Ensuite, il interviendra quand il y aura des problèmes avec les syndicats. Puis il prononcera le discours d'inauguration. On enlèvera le voile... Et soudain apparaîtra l'Empire State building, le Haut barrage d'Assouan ou la Muraille de Chine. Le Rat/Sagittaire aime les entreprises d'envergure. Il bougera beaucoup, tantôt séparant, tantôt rassemblant... Et s'avérera complètement indispensable. Incroyablement utile. A condition bien sûr de ne pas lui confier la comptabilité de l'entreprise. Ce n'est pas qu'il s'enfuierait avec la caisse : non... Mais il en ferait une dépression nerveuse. Son job, c'est de conduire, d'imaginer, d'inventer, de réaliser... Pas de suivre, ni de compter.

Faites-lui confiance : il ne se retirera pas les mains vides. Mais son pécule aura été gagné honnêtement. Plus les avantages, bien sûr... Un appartement avec piscine et hippodrome, au dernier étage de l'Empire State... Le tout rempli de ravissantes hôtesses... Il ne manquera jamais de rien et saura, partout, tirer son épingle du jeu. Mais sa vie sentimentale, reléguée souvent au second plan, restera vaguement inassouvie, petite musique insatisfaite, mélancolique.

Rat/Capricorne :
n'a pas l'air d'un plaisantin. →

Si vous êtes né en hiver

RAT/CAPRICORNE

Rat sage et réfléchi, il ne manque pas d'efficacité. Ses qualités de ténacité s'allient à la persévérance du Capricorne. La maîtrise de ce dernier canalise son agressivité et la dirige dans les voies où elle sera la plus utile. Son charme, s'il est moins brillant, n'en est pas moins dangereux car il s'adresse à ceux, ou celles, qui recherchent la sécurité, la durée dans la passion.

Le Rat/Capricorne n'a pas l'air d'un plaisantin et nul doute que s'il vous demande de partager sa vie, c'est qu'il y a bien pensé et que c'est bien à vous qu'il s'adresse. Mais il n'est pas très démonstratif. Il traîne presque toujours, derrière lui, une vague histoire d'amour amère dont il a du mal à se débarrasser. Il est méfiant, secret, peu démonstratif et a peur du ridicule, lorsqu'il souhaite faire une déclaration. Sachez qu'il est fidèle, fiable, discrètement affectueux. Sachez aussi qu'il ne répète jamais trente-six fois la même chose, « je t'aime » y compris. Et qu'il est inquiet, et beaucoup moins cynique qu'il n'en a l'air. A tout hasard, enveloppez-le de tendresse et ne prenez pas ses rebuffades au sérieux. Ce Rat est une providence dans un foyer. Mais il est autoritaire. Avis aux amateurs...

RAT/VERSEAU

Ce Rat intelligent, inventif et idéaliste ne saurait se contenter des sentiers battus. Il vit sur deux plans : l'un, intime, très protégé, très secret. Attention, planète interdite. Sans chercher à en piéger les abords, comme le Rat/Vierge, il peut vous envoyer un rayon soporifique, ou vous transformer en crapaud. Non, ne riez pas... Il est un peu sorcier, ce Rat-là.

春好画

Le plan de sa vie sociale révèle un être différent, enthousiaste, prêt à se battre pour de grandes causes, à lutter pour un idéal. Plus c'est difficile, plus on ira loin. Il y a un Don Quichotte qui sommeille dans le Rat/Verseau. Mais son besoin de séduire, de charmer, de posséder, l'agressivité de certaines de ses réactions rebuteront bien des sympathies. Qu'importe ! il se lasse vite lorsqu'il ne se sent pas soutenu. Il s'éloigne, cherche autre chose... C'est le vagabond de notre double zodiaque, vagabond de l'esprit autant que du corps. Mais il n'a pas son pareil s'il s'agit de décoder une lettre secrète, communiquer avec les extraterrestres, réparer un ordinateur ou inventer la machine-à-remonter-le-temps. Ingénieux, imaginatif, bourré d'idées tantôt géniales tantôt abracadabrantes, il n'est jamais ennuyeux. Sauf s'il a une épouse popote, ou un mari cuisinier. Ceux-là deviendront facilement dépressifs devant leurs repas carbonisés. Mais ils se consoleront vite, car le Rat/Verseau, s'il n'est pas doué pour les petites attentions, est très compréhensif.

RAT/POISSONS

Rat muni de nageoires. Son souterrain est aquatique et il va dans tous les sens. Opportuniste, généreux, avide d'affection, au point parfois de subordonner sa vie à un amour, il est plutôt partisan du moindre effort et ne cherche l'aventure qu'en bonne compagnie, avec des arrières bien assurés. Capable d'une générosité intense, d'un dévouement allant parfois jusqu'à l'abnégation, il demande cependant (attention, c'est une condition sine qua non) à être pris au sérieux. Si on le vexe, si on se moque de lui, son agressivité ressort, qui, même dans l'eau, demeure imputrescible, ne rouille jamais.

Le Rat/Poissons est doué d'une réceptivité, d'une clairvoyance remarquables, qu'il peut cultiver avec bonheur. Mais il aura souvent du mal à concilier son désir d'aider autrui de façon désintéressée et son avidité profonde. Cela peut donner un gros poisson souriant, qui vous attire de ses chants harmonieux puis vous croque, avec un vague regret, car il aurait bien aimé vous connaître davantage. Les sirènes d'Ulysse étaient-elles des Rats/Poissons ?

5e partie :

LE JEU ASTROLOGIQUE DU YI-KING

之器盛之則濁、

理。在氣中如一個明珠在水裏理在清的氣

地間只是一個理。理無不善。人之所以有善有不善、只緣氣質

LE YI KING ET LE RAT

Le Yi King est un jeu divinatoire. Vous posez votre question, vous obtenez une réponse. Mais en posant votre question, vous la posez avec votre identité RAT. Les rouages, le mécanisme complexe de votre esprit viennent de se mettre en route. Vous posez une question RAT, le Yi King répond une « solution » RAT sur laquelle vous pourrez méditer en RAT avant d'y porter une conclusion RAT.

Pour vous, Maître RAT, voici les 64 hexagrammes du Yi King, 64 hypothèses... RAT.

L'opérateur se trouvera devant un hexagramme qui est « l'hypothèse-réponse » à sa question, ou plus justement la synthétisation des forces qui se meuvent pour l'affaire ou l'événement attendu.

Comment procéder :

1. *La question.*

Posez une question, au sujet de n'importe quel problème, passé, présent ou à venir, vous concernant personnellement. (Pour quelqu'un de votre entourage, consultez le jeu du Yi-King correspondant à son signe chinois, dans l'ouvrage consacré à son signe.)

2. *Le tirage.*

Il doit s'effectuer dans la concentration.
Prenez **trois pièces de monnaie** ordinaires et semblables — par exemple trois pièces de un franc.

Avant de commencer adoptez la convention suivante :

Face = *le chiffre 3*

Pile = *le chiffre 2*

Jetez les pièces.

Si le résultat est : deux pièces côté face et une côté pile, vous inscrivez 3 + 3 + 2. Vous obtenez donc un total de 8, que vous représentez par un trait brisé : — —

Même figure si vous avez trois côtés pile (2 + 2 + 2 = 6)

Si vous obtenez deux côtés pile et un face (2 + 2 + 3 = 7) ou trois côtés face (3 + 3 + 3 = 9), vous dessinez un trait plein : ——

En résumé, 6 et 8 correspondent à — — (Yin)

7 et 9 correspondent à —— (Yang)

Répétez cette opération *six fois*, en notant lors de chaque jet la figure obtenue que vous dessinerez, sur un papier en procédant, de la première à la sixième figure, de bas en haut.

Le résultat final, comprenant un trigramme du bas, ou trigramme inférieur, exemple : ☲ et un trigramme du haut, ou trigramme supérieur, exemple : ☵ sera **un hexagramme** du Yi King, dans notre exemple :

Vous n'aurez plus qu'à rechercher son numéro dans la table puis à consulter la liste des hexagrammes pour trouver la réponse attendue. Dans notre exemple, l'hexagramme obtenu est le 63.

TABLE DES HEXAGRAMMES

Trigrammes	**supérieurs** ☰	☷	☳
Inférieurs			
☰	1	11	34
☷	12	2	16
☳	25	24	51
☵	06	7	40
☶	33	15	62
☴	44	46	32
☲	13	36	55
☱	10	19	54

Utilisez cette table pour retrouver les hexagrammes. Le point de rencontre entre les trigrammes inférieur et supérieur indique le numéro de l'hexagramme que vous recherchez.

supérieurs

☵	☶	☴	☲	☱
5	26	9	14	43
8	23	20	35	45
3	27	42	21	17
29	4	59	64	47
39	52	53	56	31
48	18	57	50	28
63	22	37	30	49
60	41	61	38	58

LES HEXAGRAMMES DU RAT

K'IEN

1 

Le créateur : énergie, force et volonté, esprit créateur. Le temps sera votre allié. Rongez votre frein, grignotez vos réserves, il vous faudra savoir attendre. La patience aura raison de la force et de la volonté. Il faut savoir partir à temps.

K'OUEN

2 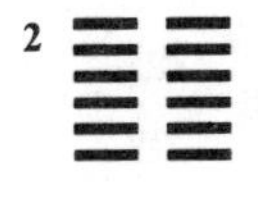

Le réceptif. Ne méprisez point ce qui vous entoure, la terre qui vous porte, les outils qui vous servent. C'est avec plusieurs grains de sable que l'on construit un château. C'est avec amour que le grain germe.

TCHOUEN

3 

La difficulté initiale : démêlez, décantez, cherchez la cause du trouble. Il n'y a pas de mauvaises récoltes, de mauvaises semences, de mauvais grain, il y a de mauvais cultivateur. N'accusez pas la terre et le ciel, le Rat devra parfois chercher en lui.

MONG

4 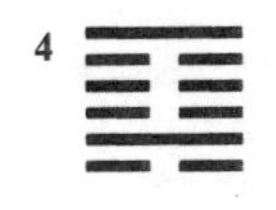

La folie juvénile : « ce n'est pas moi qui recherche le jeune fou, c'est le jeune fou qui me recherche. » Ne vous érigez pas en maître : on transmet, on n'enseigne point. Il y a du bon dans la folie, mais la folie n'est pas toujours bonne.

SU

5 

L'attente. Tout vient à point pour qui sait attendre ! Le Rat devra méditer longuement. Prudence et réflexion ne sont point ennemies de l'instinct et de l'action.

SONG

6 

Le conflit. Soyez conciliant. Employez la ruse et la diplomatie, cela vous évitera les procès. Dominez votre agressivité, vous creusez parfois vos propres pièges.

SZE

7 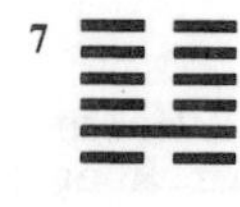

L'armée. Soumission et discipline pour un but collectif. Ne vous enfermez pas dans votre tour d'ivoire, lorsque les fondations sont minées... L'union fait la force. On ne refait pas le monde dans sa chambre en calculant le diamètre de son nombril.

PI

8 

La solidarité : lorsque l'on aime recevoir il faut savoir aussi donner. La solitude est une de vos originalités, n'en faites pas une technique « du laisser faire – laisser aller »...

SIAO TCH'OU

9 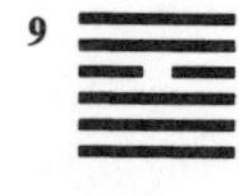

Le pouvoir d'apprivoisement du petit. C'est en affinant les petites choses et en les accomplissant avec amour, sans mépris ni condescendance que l'on bâtit de grands édifices. Ne mettez point la charrue avant les bœufs...

LI

10 

La marche. « Marchez sur la queue du Tigre, il ne mord pas l'homme. » Ne hérissez pas le poil, ne grincez plus des dents, éteignez les lueurs rouges dans vos yeux, détendez-vous, respirez à fond, faites le vide. Si vous éloignez l'agressivité et la crainte, aucun animal, fût-il féroce, ne refusera de se laisser dompter.

TAI

11 

La paix : ou savoir trouver l'harmonie dans les contraires. Il n'y a pas une vérité, ce sont les vérités qui amènent à « la » vérité. Vous devez rechercher le dialogue. Ne renforcez point vos œillères, elles coupent les affinités et entretiennent la confusion.

P'I

12 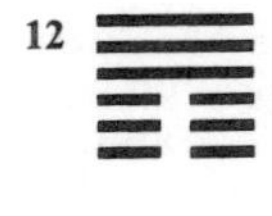

La stagnation : il faudra savoir vous retirer et attendre. L'inaction est une forme d'action. Rien ne se mûrit dans la précipitation. Le Rat devrait se sentir à l'aise dans cette situation et en tirer profit.

T'ONG JEN

13 

La communauté avec les hommes : il faut le grand jour et le soleil, beaucoup d'Amour et de Foi pour bâtir une cathédrale. C'est dans l'union que grandit le succès.

TA YEOU

14 

Le Grand Avoir : matériel ou spirituel, le Rat ne gaspillant point ses énergies sera en mesure de bien gérer et de réussir.

K'IEN

15 

L'humilité : ne doit pas se transformer en fausse modestie... C'est la recherche de l'égalité, de la juste mesure, maîtrisez ce qui est en excès et vous trouverez l'équilibre.

YU

16 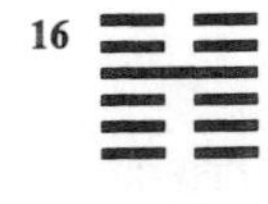

L'enthousiasme : les belles paroles ne suffisent point. Il faut apporter des idées nouvelles, exciter l'imagination, mais n'oubliez pas que vos partenaires attendent du concret, ne jetez pas trop de poudre aux yeux.

SOVEI

17 

La suite : il ne suffit pas de semer, il faut savoir patienter pour récolter. C'est le moment de jouer de votre séduction, mais il faudra être diplomate. Sachez que même avec du charme, il y a des vérités qui ne sont pas toujours bonnes à dire.

KOU

18 

Le travail sur ce qui est corrompu. N'accusez pas votre chien de la rage, sous prétexte que vous voulez vous en débarrasser. Si le mur de votre jardin s'effondre, n'accusez point le maçon, mais votre négligence.

LIN

19 

L'approche : des beaux jours annoncent déjà l'automne. Ne vous contentez pas du présent, envisagez le futur. Après le point culminant, c'est l'amorce du déclin.

KOUAN

20 

La contemplation : le Rat pourra monter au sommet de la tour pour contempler le monde. Mais il ne devra pas oublier qu'il s'expose aux regards, à la vue d'autrui. C'est en ne s'érigeant point en modèle qu'il pourra avoir un regard juste sur lui-même et sur les autres.

CHE HO

21 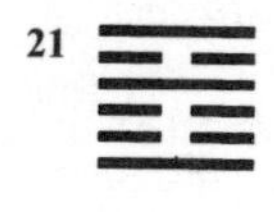

Mordre au travers ou le procès criminel : on ne bâtit pas une maison sur un marais. Le mensonge isole et ronge toute liaison. Il faudra être ferme et savoir s'engager. Coupez les mauvaises herbes pour laisser entrer la lumière dans le jardin. La morsure est quelquefois un excellent remède...

PI

22 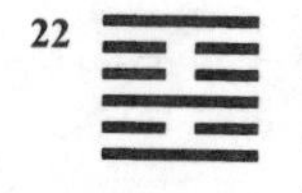

La grâce : vous êtes sensible aux apparences, touché par la beauté. Mais la grâce est un état et non un but. N'appliquez pas la formule : « qu'importe le flacon pourvu qu'on ait l'ivresse. »

PO

23 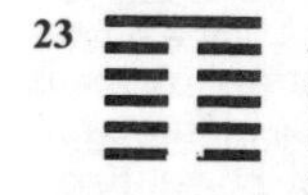

L'éclatement : dans le présent, ne rien entreprendre. C'est parfois de l'intérieur que la destruction se produit. Avant de grimper à l'arbre assurez-vous que la branche n'est point pourrie.

FOU

24 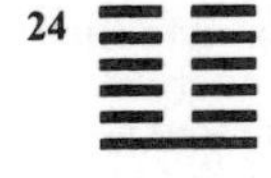

Le retour : la roue tourne. Après les ténèbres, la lumière, après la pluie, le soleil. Sortez de votre terrier, les temps vous sont cléments.

WOU WANG

25 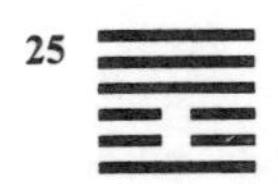

L'innocence : laissez agir votre intuition à condition qu'elle ne serve point l'intérêt, mais la justice. Si votre instinct peut vous guider, il ne doit pas pour autant vous permettre de juger.

TA TCH'OU

26 

Le pouvoir d'apprivoisement du grand : symbole de puissance et de force. Toutefois c'est dans la remise en cause, dans le renouveau que la plante grandit, il faut savoir faire « des boutures » pour la renforcer. Mesurez vos compétences avant d'engager votre responsabilité.

YI

27 

Les commissures des lèvres : symbolise la nourriture du corps et la nourriture de l'esprit. « Dis-moi ce que tu lis, je te dirais ce que tu es. » Une alimentation saine est aussi salutaire à l'esprit qu'une nourriture spirituelle est nécessaire à l'harmonie du corps.

TA KOUO

28 

La prépondérance du grand : ne prenez pas des charges que vous ne pourriez supporter. L'équilibre de la barque dépend de la répartition de son chargement. Il faut savoir l'alléger.

KAN

29 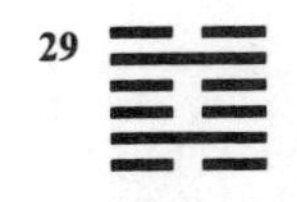

L'insondable, l'eau : vient du dehors. Ne vous laissez pas gagner par la panique, suivez vos souterrains. Si vous êtes sincère, vous n'avez rien à redouter. La source qui jaillit de la montagne coule et circule, rien ne peut l'arrêter.

LI

30 *Ce qui s'attache, le feu :* ne vous acharnez pas, ne brûlez pas inutilement vos énergies, il faut savoir se détacher, prendre du recul pour juger d'une situation. Il est des liens qu'il faut savoir dénouer.

HIEN

31 *L'influence :* rencontres favorables, unions, associations. Mais il faudra sortir de votre trou et aller de l'avant. Toutefois ne vendez pas la peau de l'ours avant de l'avoir tué.

HONG

32 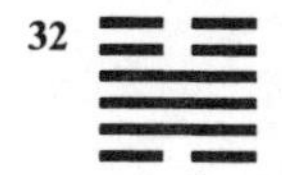

La durée : lorsque le blé est mûr, il faut le récolter. Il va falloir opérer un renouveau à l'intérieur de vous-même. C'est de l'immobilisation et de l'auto-satisfaction que naît la sclérose.

TCHOUEN

33 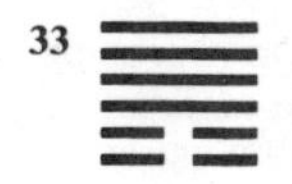

La retraite : lorsque les issues sont bloquées, il vaut mieux battre en retraite. N'en faites pas un échec et une résignation masochiste, mais une ruse intelligente, une maîtrise.

TA TCH'OUANG

34 *La puissance du grand :* ne vous laissez pas emporter par le tourbillon de la vie, fût-il symbole de succès et d'étapes franchies en pleine vitesse, trop d'accélération et de précipitation amènent une perte de contrôle.

TSIN

35 

Le progrès. Vous possédez les meilleures dispositions et les faveurs d'un plus grand que vous. Toutefois contentez-vous du poste de « prince », sans envier celui du souverain. Les deux ont un rôle à jouer dans la réalisation du but commun.

MING YI

36 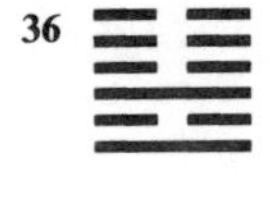

L'obscurcissement de la lumière : pour un maître des souterrains et des ténèbres vous êtes servi ! Laissez passer la crise. Le noir règne à l'extérieur et à l'intérieur. Travailler sur soi est encore le meilleur remède.

KIA JEN

37 

La famille : il ne faut pas qu'un lien devienne une prison, mais on ne peut vivre sans lien et sans structure. Intégration ne veut pas dire aliénation...

K'OUEI

38 

L'opposition : respectez les idées d'autrui si vous voulez que l'on respecte les vôtres. C'est de la pluralité que naît l'harmonie.

KIEN

39 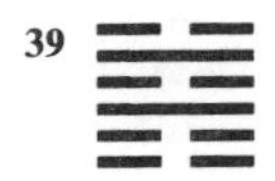

L'obstacle : l'entêtement ne sert à rien. Acceptez de voir la réalité en face, et ne refusez pas la main que l'on vous tend.

HIAI

40 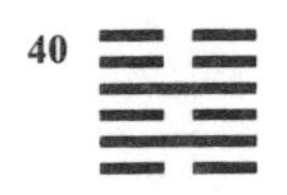

La libération : après les ténèbres, la lumière. Ne restez pas sur une notion « d'échec ». Il faut savoir défaire un mauvais travail pour en exécuter un parfait.

SOUEN

41 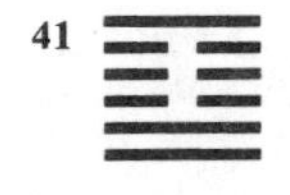

La diminution : les temps sont durs... Ne vous jetez pas sur ce qui brille. La fleur des champs a autant d'éclat que la rose. Il faut savoir la regarder.

YI

42 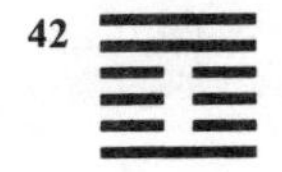

L'augmentation : l'opportunité vous sourit. Ne remettez pas à demain ce qui peut être fait aujourd'hui.

KOUAI

43 

La percée : c'est parfois par le scandale que la vérité jaillit...

KEOU

44 

Venir à la rencontre : il faut parfois « gratter » le vernis et ne pas se fier aux apparences. N'acceptez pas de compromis, ils aliéneraient votre liberté et vous mèneraient au désastre.

TS'OUEI

45 

Le rassemblement : sachez vous rapprocher, vous regrouper autour d'un feu commun, brûlant d'une même ferveur. Méfiez-vous de toute infiltration, elle ne peut conduire qu'au noyautage et à la destruction lente.

CHENG

46 

La poussée vers le haut : faites preuve de rectitude et de méticulosité, ne négligez pas les petits détails. Agissez avec méthode.

K'OUEN

47 

L'accablement : attention vous êtes en « perte de vitesse », vous manquez d'énergie et de confiance en vous. N'attendez pas que l'on vous remette en cause.

TSING

48 

Le puits : vous ne devez en aucun cas changer l'ordre des choses. Évolution ne signifie pas destruction du passé, mais mouvement.

KO

49 

La révolution : besoin vital de renouveau : « on ne fait pas d'omelette sans casser des œufs. »

TING

50 

Le chaudron : représente les cinq Éléments. Il repose sur la Terre, le Bois sert de combustible au Feu qui le chauffe, et son enveloppe est de Métal ; à l'intérieur, l'Eau est en ébullition. Rien n'est négligeable du contenant au contenu. Matériel et spirituel sont des aliments nécessaires et complémentaires.

TCHEN

51 

L'éveilleur, l'ébranlement, le tonnerre : il y a de l'électricité dans l'air, un vent perturbateur souffle sur votre tête. C'est parfois dans les épreuves que l'on trouve la lumière. Sachez accepter la situation, les révoltes seront vaines.

KEN

52 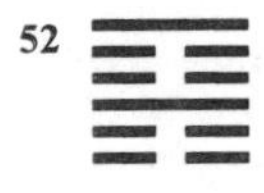

L'immobilisation : essayez de faire le vide en vous et peut-être momentanément autour de vous. De l'isolement naît le calme. Le silence est bon après la tempête.

TSIEN

53 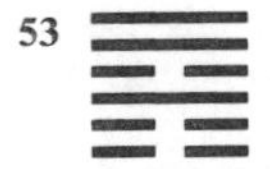

Le progrès graduel : ne cherchez pas à griller les étapes. Ne sautez pas les barreaux de l'échelle, vous auriez vite fait de redescendre.

KOUEI MEI

54

L'épousée : ne confondez pas impulsions et sentiments. Avant de vous engager, veillez à ce que votre affection soit réciproque, et suivez le but que vous vous êtes fixé.

FONG

55 

L'abondance : un peu de prospérité et d'abondance ne nuit à personne. Profitez de cet état de plénitude matérielle et morale. Mais ne perdez pas de vue la formule : « après les vaches grasses, souvent les vaches maigres »...

LIU

56 

Le voyageur : il faut parfois s'éloigner afin d'avoir une vision plus juste. Il est un temps pour les décisions, assurez vos arrières et gardez-vous de tout esprit « revanchard »...

SOUEN

57 

Le doux : la violence n'est pas le moyen le plus convaincant. C'est en répétant le même mouvement que l'on atteint la perfection du geste, la pureté. Faites un effort continu : il sera plus payant qu'un coup de force.

TOUEI

58 

Le serein, le joyeux : persévérez et communiquez, soyez souple !

HOUAN

59 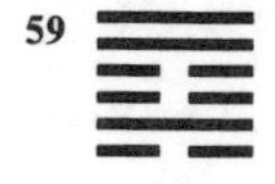

La dissolution : vous avez tendance à vous disperser, confusion et égoïsme vont de pair. Cherchez la paix dans le recueillement, participez à un travail commun.

TSIE

60 

La limitation : vous n'avez pas que des droits, vous avez aussi des devoirs. C'est en les assumant que l'on se rend libre. Par ailleurs ne vous croyez pas obligé, si vous priez, de le faire à genoux dans les ronces...

TCHONG FOU

61 

La vérité intérieure : ne l'assénez point sur la tête de votre voisin, comme vous avez parfois l'art de le faire. Cherchez plutôt à passer aux actes, n'en restez pas aux bonnes paroles... Vous risqueriez de décourager les bonnes volontés.

SIAO KOUO

62 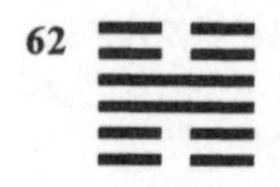

La prépondérance du petit : l'humilité sincère sera gage de succès. Ne méprisez pas le petit en rêvant du grand. « N'écrasez pas les fleurs sauvages, tout en parlant de poésie. »

KI TSI

63 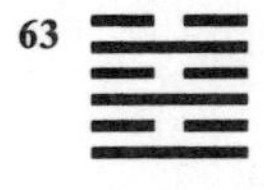

Après l'accomplissement : n'oubliez pas que dans un ciel parfaitement bleu, il suffit d'un petit nuage pour amener la pluie. Arrivé au sommet de la montagne, il faut déjà envisager la descente.

WEI TSI

64 

Avant l'accomplissement : l'automne prépare l'hiver et le printemps annonce l'été, il faut travailler à l'aboutissement, sans tirer de plans sur la comète.

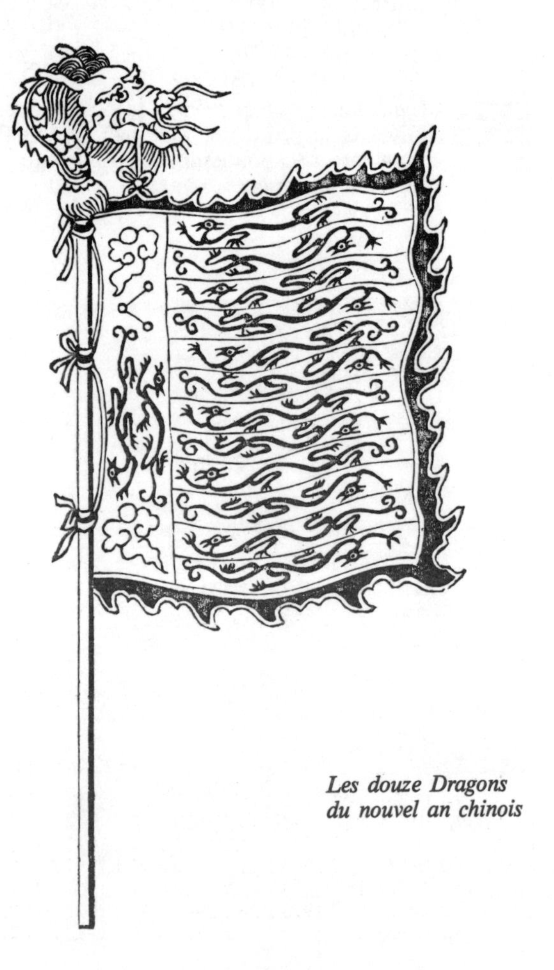

Les douze Dragons du nouvel an chinois

TABLEAU GÉNÉRAL DES ANNÉES CORRESPONDANT AUX SIGNES CHINOIS

LE RAT	LE BUFFLE	LE TIGRE
31.1.1900 / 18.2.1901	19.2.1901 / 7.2.1902	8.2.1902 / 28.1.1903
18.2.1912 / 5.2.1913	6.2.1913 / 25.1.1914	26.1.1914 / 13.2.1915
5.2.1924 / 24.1.1925	25.1.1925 / 12.2.1926	13.2.1926 / 1.2.1927
24.1.1936 / 10.2.1937	11.2.1937 / 30.1.1938	31.1.1938 / 18.2.1939
10.2.1948 / 28.1.1949	29.1.1949 / 16.2.1950	17.2.1950 / 5.2.1951
28.1.1960 / 14.2.1961	15.2.1961 / 4.2.1962	5.2.1962 / 24.1.1963
15.2.1972 / 2.2.1973	3.2.1973 / 22.1.1974	23.1.1974 / 10.2.1975
20.1.1984 / 8.2.1985	9.2.1985 / 28.1.1986	21.1.1986 / 16.2.1987

LE CHAT	LE DRAGON	LE SERPENT
29.1.1903 / 15.2.1904	16.2.1904 / 3.2.1905	4.2.1905 / 24.1.1906
14.2.1915 / 2.2.1916	3.2.1916 / 22.1.1917	23.1.1917 / 10.2.1918
2.2.1927 / 22.1.1928	23.1.1928 / 9.2.1929	10.2.1929 / 29.1.1930
19.2.1939 / 7.2.1940	8.2.1940 / 26.1.1941	27.1.1941 / 14.2.1942
6.2.1951 / 26.1.1952	27.1.1952 / 13.2.1953	14.2.1953 / 2.2.1954
25.1.1963 / 12.2.1964	13.2.1964 / 1.2.1965	2.2.1965 / 20.1.1966
11.2.1975 / 30.1.1976	31.1.1976 / 17.2.1977	18.2.1977 / 6.2.1978
17.2.1987 / 5.2.1988	6.2.1988 / 26.1.1989	

LE CHEVAL	LA CHÈVRE	LE SINGE
25.1.1906 / 12.2.1907	13.2.1907 / 1.2.1908	2.2.1908 / 21.1.1909
11.2.1918 / 31.1.1919	1.2.1919 / 19.2.1920	20.2.1920 / 7.2.1921
30.1.1930 / 16.2.1931	17.2.1931 / 5.2.1932	6.2.1932 / 25.1.1933
15.2.1942 / 4.2.1943	5.2.1943 / 24.1.1944	25.1.1944 / 12.2.1945
3.2.1954 / 23.1.1955	24.1.1955 / 11.2.1956	12.2.1956 / 30.1.1957
21.1.1966 / 8.2.1967	9.2.1967 / 28.1.1968	29.1.1968 / 16.2.1969
7.2.1978 / 27.1.1979	28.1.1979 / 15.2.1980	16.2.1980 / 4.2.1981

LE COQ	LE CHIEN	LE SANGLIER
22.1.1909 / 9.2.1910	10.2.1910 / 29.1.1911	30.1.1911 / 17.2.1912
8.2.1921 / 27.1.1922	28.1.1922 / 15.2.1923	16.2.1923 / 4.2.1924
26.1.1933 / 13.2.1934	14.2.1934 / 3.2.1935	4.2.1935 / 23.1.1936
13.2.1945 / 1.2.1946	2.2.1946 / 21.1.1947	22.1.1947 / 9.2.1948
31.1.1957 / 15.2.1958	16.2.1958 / 7.2.1959	8.2.1959 / 27.1.1960
17.2.1969 / 5.2.1970	6.2.1970 / 26.1.1971	27.1.1971 / 14.2.1972
5.2.1981 / 24.1.1982	25.1.1982 / 12.2.1983	13.2.1983 / 1.2.1984

Les dates indiquées précisent le **premier** *et* **dernier** *jour de l'année du signe.*

TABLE DES MATIÈRES

QUATRIÈME PARTIE :

CINQUIÈME PARTIE :

BIBLIOGRAPHIE

Catherine Aubier *Astrologie Chinoise* (M.A. Éditions).
Danielle de Caumon, *A.B.C. de l'Astrologie chinoise* (Jacques Grancher).
Paula Delsol *Horoscopes chinois* (Mercure de France).
Granet, *Pensée chinoise* (Albin Michel).
Jean-Michel de Kermadec *Les huit signes de votre destin* (L'Asiathèque).
Suzanne White *L'Astrologie chinoise* (Tchou).

Pour le Yi-King :
Le livre des Mutations (Éditions Médicis).
Le Yi-King, par Dominique Devic (L'Autre Monde, n° 16).

ICONOGRAPHIE

- Collection personnelle des auteurs et du maquettiste.
- Les trois royaumes — Nghiêm Toan/Louis Ricaud — Collection Unesco.

Pour la quatrième partie :

- Japanese Prints - Drawings from the Vever Collection. Jack Millier Tomes 1, 2 et 3 (Sotheby Parke Bernet, 1976).
- Gale Catalogue of Japanese Paintings and Prints - Jack Hillier (Saners - Valansot Publication, 1970).

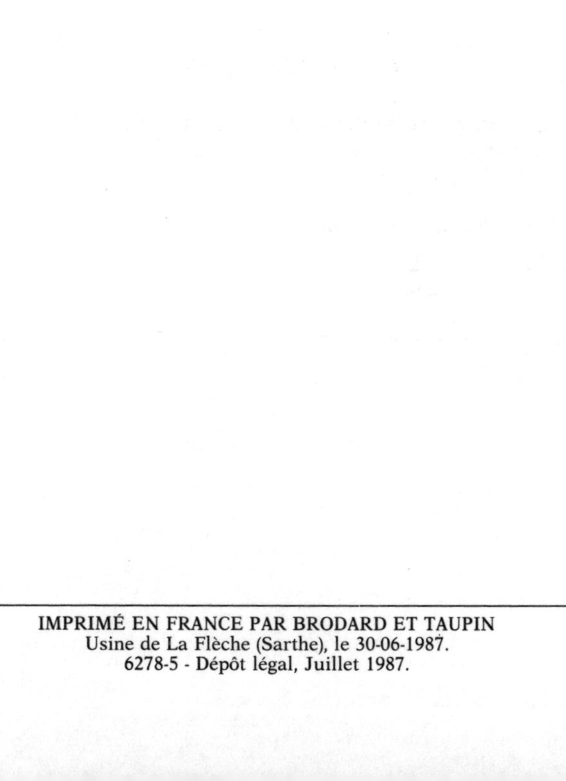

IMPRIMÉ EN FRANCE PAR BRODARD ET TAUPIN
Usine de La Flèche (Sarthe), le 30-06-1987.
6278-5 - Dépôt légal, Juillet 1987.